Langenscheidts Standardgrammatik Russisch

von
Siegfried Kohls

unter Mitarbeit von
Diethelm Schulz und Dietmar Steidel

LANGENSCHEIDT

BERLIN · MÜNCHEN · WIEN · ZÜRICH · NEW YORK

Dieses Werk hatte bisher die ISBN Nr. 3-324-00321-0. Die vorliegende Ausgabe entspricht den Regeln der neuen deutschen Rechtschreibung. Im Übrigen wurden einige kleinere Korrekturen vorgenommen. Alte und neue Ausgabe können im Unterricht nebeneinander verwendet werden.

Ergänzende Hinweise, für die wir jederzeit dankbar sind, bitten wir zu richten an:
Langenscheidt Verlag, Postfach 40 11 20, 80711 München

www.langenscheidt.de

Die 1. und 2. Auflage erschienen unter dem Titel: „Praktische russische Grammatik"
© 1988 Verlag Enzyklopädie Leipzig
Die 3.–5. Auflage erschienen unter dem Titel: „Russische Grammatik"
© 1994 Langenscheidt · Verlag Enzyklopädie Leipzig, Berlin, München
© 2000 Langenscheidt KG, Berlin und München
Druck: LVDM Landesverlag Denkmayr, Linz
Printed in Austria
ISBN 978-3-468-34938-6

9. 10. 11. 12. 13. 14. * 12 11 10 09 08 07

VORWORT

Langenscheidts Standardgrammatik Russisch wendet sich an jugendliche und erwachsene Lerner, etwa in der gymnasialen Oberstufe, an der Universität oder der Volkshochschule.

Sie bietet eine ausführliche und genaue Beschreibung des Russischen. Zahlreiche Beispiele illustrieren die grammatischen Erklärungen und erleichtern das Verständnis. Ausnahmen und Besonderheiten werden als solche kenntlich gemacht.

Langenscheidts Standardgrammatik Russisch ist ein Lernbegleiter, der Anfängern und Fortgeschrittenen in zuverlässiger und leicht nachvollziehbarer Weise Auskunft über die russische Sprache gibt.

Verfasser und Verlag

Inhaltsverzeichnis

Abkürzungsverzeichnis

A. (Akkusativ)
Adverbialpart. (Adverbialpartizip)
Adverbialpart. d. Gleichz. (Adverbialpartizip der Gleichzeitigkeit)
Adverbialpart. d. Vorz. (Adverbialpartizip der Vorzeitigkeit)
Akt. (Aktiv)
allgem. (allgemein)
Anm. (Anmerkung)
dgl. (dergleichen)
d. h. (das heißt)
D. (Dativ)
etw. (etwas)
f. (Femininum, weiblich)
fam. (familiär, salopp)
Fut. (Futur)
G. (Genitiv)
I. (Instrumental)
Imp. (Imperativ)
imperf. (imperfektiv)
Inf. (Infinitiv)
j-m (jemandem)
j-n (jemanden)
Konj. (Konjunktiv)
m. (Maskulinum, männlich)
N. (Nominativ)
n. (Neutrum, sächlich)
O. (Objekt)

od. (oder)
off. (offiziell)
P. (Präpositiv)
Part. Präs. Akt. (Partizip Präsens Aktiv)
Part. Präs. Pass. (Partizip Präsens Passiv)
Part. Prät. Akt. (Partizip Präteritum Aktiv)
Part. Prät. Pass. (Partizip Präteritum Passiv)
Pass. (Passiv)
perf. (perfektiv)
Pers. (Person)
Pl. (Plural)
Präd. (Prädikat)
Präs. (Präsens)
Prät. (Präteritum)
S. (Subjekt)
s. (siehe)
schriftl. (schriftliche Äußerung)
Sg. (Singular)
u. (und)
u. a. (und andere, und anderes)
u. a. m. (und anderes mehr)
umg. (umgangssprachlich)
grob umg. (grob umgangssprachlich)
usw. (und so weiter)
uv. (unvollendeter Aspekt)
v. (vollendeter Aspekt)
vgl. (vergleiche)
z. B. (zum Beispiel)

ед. (единственное число) Sg.
и т. д. (и так далее) usw.
и т. п. (и тому подобное) und dergleichen mehr

кому-л. (кому-либо) irgendjemandem (beliebigem)
мн. (множественное число) Pl.
см. (смотри) s.
т. е. (то есть) d. h.

§§ 1–44 Rechtschreibung und Lautlehre
(Orthographie und Phonetik)

§ 1   Das russische Alphabet

Druck-buchstabe	Be-nennung	Aussprache und Dudentranskription			wissenschaftliche Transliteration	
A a	a	Анна	Anna	a	Anna	a
Б б	бэ	Борис	Boris	b	Boris	b
В в	вэ	Влади́мир	Wladimir	w	Vladimir	v
Г г	гэ	Гли́нка	Glinka	g	Glinka	g
Д д	дэ	Дон	Don	d	Don	d
E e	e (йэ)	*1.* als «Nicht-ё»				e
(Ё ё)	ё (ио)	nach Konsonanten einschließlich «й»		e		
		Ле́на	Lena		Lena	
		Ка́йев	Kajew		Kajew	
		2. als «Nicht-ё» überall sonst		je		e
		Никола́ев	Nikolajew		Nikolaev	
		Лео́нтьев	Leontjew		Leont'ev	
		Енисе́й	Jenissej		Enisej	
		3. als «ё» überall außer nach «ж, ч, ш» und «щ»		jo		e
		Алёша	Aljoscha		Aleša	
		Воробьёв	Worobjow		Vorob'ev	
		4. als «ё» nach «ж, ч, ш» und «щ»		o		e
		Пугачёв	Pugatschow		Pugačev	
Ж ж	жэ	Жуко́вский	Shukowski	sh	Žukovskij	ž
З з	зэ	Заха́ров	Sacharow	s	Zacharov	z
И и	и	Ивано́в	Iwanow	i	Ivanov	i
Й й	и-кра́ткое	*1.* nach «а, о, у, ю, я», wenn nach «й» kein «е» oder «о» steht		i		j
		Ча́йка	Tschaika		Čajka	
		Толсто́й	Tolstoi		Tolstoj	
		2. vor «е» und «о» sowie nach «е»	j			j
		Ка́йев	Kajew		Kajev	
		Андре́й	Andrej		Andrej	
		3. nach «и» und «ы»	*unbezeichnet*			j
		Го́рький	Gorki		Gor'kij	

Druck-buchstabe	Be-nennung	Aussprache und Dudentranskription			wissenschaftliche Transliteration	
		Ю́жный	Jushny		Južnyj	
К к	ка	Ка́ма	Kama	k	Kama	k
Л л	эль	Ломоно́сов	Lomonossow	l	Lomonosov	l
М м	эм	Москва́	Moskwa	m	Moskva	m
Н н	эн	Ни́на	Nina	n	Nina	n
О о	о	Омск	Omsk	o	Omsk	o
П п	пэ	Пу́шкин	Puschkin	p	Puškin	p
Р р	эр	Ре́пин	Repin	r	Repin	r
С с	эс	*1. nach einem Vokalbuchstaben vor «a, e (als Nicht-ё)» sowie «и, о, у» und «ы»*		ss		s
		Весело́в	Wesselow		Veselov	
		Ломоно́сов	Lomonossow		Lomonosov	
		Енисе́й	Jenissej		Enisej	
		2. sonst		s		s
		Си́монов	Simonow		Simonov	
		Курск	Kursk		Kursk	
Т т	тэ	Турге́нев	Turgenjew	t	Turgenev	t
У у	у	Вну́ково	Wnukowo	u	Vnukovo	u
Ф ф	эф	Фе́дин	Fedin	f	Fedin	f
Х х	ха	Че́хов	Tschechow	ch	Čechov	ch
Ц ц	цэ	Цвета́ева	Zwetajewa	z	Cvetaeva	c
Ч ч	чэ	Че́хов	Tschechow	tsch	Čechov	č
Ш ш	ша	Шо́лохов	Scholochow	sch	Šolochov	š
Щ щ	ща	Ро́щин	Roschtschin	schtsch	Roščin	šč
ъ	(твёрдый знак)	объём	objom	*unbezeichnet*	obъem	-
ы	(еры́)	Крыло́в	Krylow	y	Krylov	y
ь	(мя́гкий знак)	*1. vor «и» und «о»*		j		'
		Ильи́ч	Iljitsch		Il'ič	
		2. sonst		*unbezeichnet*		'
		Обь	Ob		Ob'	
Э э	(э обо-ро́тное)	Эренбург	Ehrenburg	e	Ėrenburg	ė
Ю ю	ю	Лю́ба	Ljuba	ju	Ljuba	ju
Я я	я	Я́лта	Jalta	ja	Jalta	ja

Einige Sonderfälle der Aussprache und Dudentranskription von Buchstaben und Lautfolgen:

г	in Genitivformen	но́вого	nowowo	w
гк		мя́гкий	mjachki	chk
и	*1.* am Wortanfang vor «а, е, о» und «у»	Иѐна Иу́дин	Jena Judin	j
	2. nach «а, е, о» und «у»	Кайров Тро́ицк	Kaïrow Troïzk	ï [1]
сх	im Wortinnern	восхо́д	woßchod	ßch
тч		Тю́тчев	Tjutschew	tsch

Schreibschrift-Alphabet:

Aa $Бб$ $Bв$ $Гг$ $Dд$ $Ее$ $Ёё$ $Жж$ $Зз$ $Uи$ $Йй$
$Кк$ $Лл$ $Мм$ $Нн$ $Оо$ $Пп$ $Рр$ $Сс$ $Тт$ $Уу$ $Фф$
$Xх$ $Цц$ $Чч$ $Шш$ $Щщ$ $ъ$ $ы$ $ь$ $Ээ$ $Юю$ $Яя$

§§ 2-7 Einige Rechtschreibregeln

§ 2   Zur Groß- und Kleinschreibung

Im Unterschied zum Deutschen ist im Russischen die Kleinschreibung üblich.
Groß geschrieben werden lediglich der Satzanfang, Personennamen, Ehrentitel, höchste Dienstbezeichnungen und Bezeichnungen für gesellschaftliche und staatliche Einrichtungen, Bezeichnungen für historische Ereignisse und Feiertage, Bezeichnungen für Länder, Staaten, Städte, Dörfer, Straßen, Plätze, geographische Begriffe, wie Meere, Flüsse, Gebirge usw., Bezeichnungen von Betrieben, Titel von Büchern, Zeitschriften, Zeitungen, Filmen usw.

Beispiele:

Влади́мир Анто́нович Попо́в
А́нна Петро́вна Козло́ва
Председа́тель постоя́нной
Коми́ссии ООН
Ма́ршал Вооружённых Сил
Европе́йский Сою́з
Ру́сская Правосла́вная Це́рковь
Ру́сская А́рмия
Организа́ция Объединённых На́ций
Министе́рство вне́шней торго́вли
Педагоги́ческий институ́т и́мени
А. С. Пу́шкина
Междунаро́дный же́нский день
Пе́рвое ма́я, Но́вый год

А́нглия, Аме́рика, По́льша,
Федерати́вная Респу́блика Герма́ния
Москва́, Ки́ев, Санкт-Петербу́рг
у́лица Ле́рмонтова, проспе́кт Пу́шкина
Кра́сная пло́щадь, пло́щадь
Маяко́вского
Чёрное мо́ре, Каспи́йское мо́ре
Во́лга, Днепр, Ура́л, Кавка́з, Эльбру́с
заво́д «Дина́мо»
газе́та «Пра́вда», «Изве́стия»,
рома́н «Ти́хий Дон», «Мёртвые ду́ши»
журна́л «Эконо́мика»,
«Огонёк», «Неде́ля»

---

[1] Ein Trema (¨) gibt die getrennte Aussprache der Vokalbuchstaben an, also Ka-irow, Tro-izk.

§§ 3–5   Schreibung von Vokalen nach «г, к, х» und den Zischlauten «ж, ч, ш, щ» sowie nach «ц»

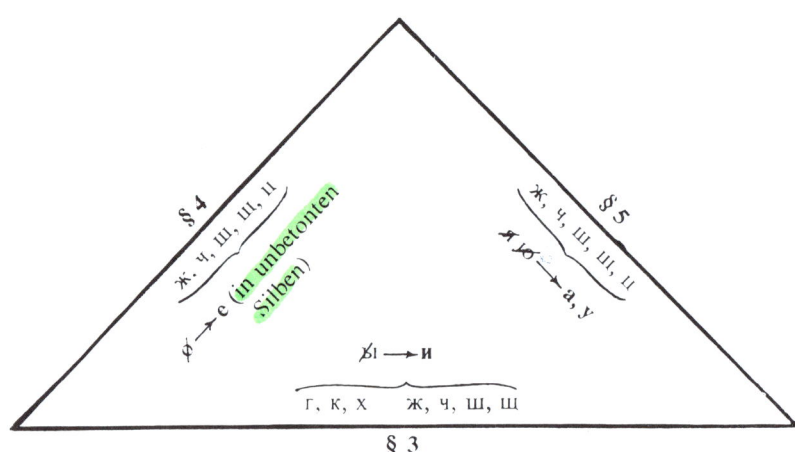

§ 3   Nach «г, к, х» und «ж, ч, ш, щ» schreibt man nicht «ы», sondern «и», z. B.: рýсский, хирýрг, щи usw.
Eine Ausnahme bilden lediglich einige Fremdwörter.

§ 4   Nach «ж, ч, ш, щ» und «ц» schreibt man an Stelle eines unbetonten «о» stets «е», z. B.: Алёшей, мéсяцем, мéсяцев usw.

§ 5   Nach «ж, ч, ш, щ» und «ц» schreibt man nicht «я» und auch nicht «ю», sondern «а» bzw. «у», z. B.: часы́, пишý, лежý usw.
Eine Ausnahme bilden hierbei lediglich einige Fremdwörter, z. B. Кюри́, Гю́нтер, жюри́ u. a.

§ 6   Schreibung der Vorsilben «без-, низ-, воз-, раз-, из-, вз-» u. a. vor stimmlosen Konsonanten

з → с **vor** к, п, с, т, ф, х, ц, ч, ш, щ

Vor stimmlosen Konsonanten wird das auslautende «з» dieser Vorsilben zu «с», z. B.: расши́рить, испра́вить, расска́зывать, исходи́ть usw.

Anmerkung:

In **Wortwurzeln** bleibt «з» vor stimmlosen Konsonanten der Suffixe erhalten, z. B.: ни́зкий, бли́зкий, кирги́зский usw.

§ 7   Wiedergabe des Konsonanten «h» im Russischen

Der Konsonant «h» wird im Russischen in der Regel durch «г» (Hamburg ➤ Га́мбург, Heine ➤ Ге́йне usw.) wiedergegeben, neuerdings aber auch durch «х», z. B.: Hans ➤ Ханс, Helsinki ➤ Хе́льсинки usw.

§§ 8–36   Die russischen Konsonanten (Mitlaute)

§ 8   Stimmhafte und stimmlose Konsonanten

nur stimmhaft sind:	paarweise stimmhaft und stimmlos sind:			nur stimmlos sind:
л м н р й				ц ч щ х
лете́ть	б (борт)	(порт)	п	ле́кция
мото́р	в (вот)	(фо́то)	ф	час
Ни́на	д (Дон)	(тон)	т	мо́щность
брать	г (год)	(кот)	к	ходи́ть
чай	з (заво́д)	(сок)	с	
	ж (жизнь)	(ша́хта)	ш	

§ 9   Harte und weiche Konsonanten

nur hart sind:	paarweise hart und weich sind:			nur weich sind:
ж ш ц				ч щ й
уже́ [жэ]	б (бу́ду)	(люби́ть)	б′ [1]	изуча́ть
лежи́т [жы]	п (порт)	(пить)	п′	пло́щадь
шить [шы]	д (Дон)	(креди́т)	д′	чай
шёлк [шо]	т (тут)	(Тито́в)	т′	
цеме́нт [цэ]	в (вот)	(Ви́ктор)	в′	
	ф (фо́то)	(фи́зика)	ф′	
	с (Са́ша)	(сиде́ть)	с′	
Merke:	л (ла́мпа)	(люби́ть)	л′	*Merke:*
Nach «ж, ш, ц»	м (мак)	(мир)	м′	«щ» wird wie
spricht man	н (Ири́на)	(Ни́на)	н′	langes weiches
«и» wie ы,	р (ру́сский)	(Ри́га)	р′	«ш′» oder
«е» wie «э»	г (газ)	(де́ньги)	г′	«ш′ч′»
und «ё» wie «о»	к (ка́ша)	(кино́)	к′	gesprochen.
aus.	х (Ха́рьков)	(хи́мия)	х′	

---

[1] Der Apostroph (′) weist auf die Weichheit der Konsonanten hin.

Die **weichen** Konsonanten unterscheiden sich von den harten durch die i-haltige helle Klangfarbe und werden in der Schrift durch nachfolgende «я, е, и, ё, ю» bzw. «ь» gekennzeichnet (s. obige Beispiele).

§ 10 Aussprache des russischen «л (л′)»

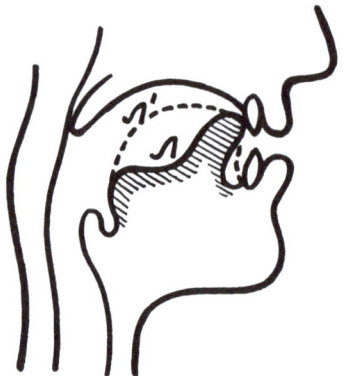

Beispiele:

hart (л)	weich (л′)
ла́мпа	пляж
ло́жка	Алёша
клуб	сплю
лы́жи	литр
у́гол	у́голь

Während die Aussprache des weichen «л′» etwa dem deutschen «l» in «Liebe» entspricht, ist bei der Aussprache des harten russischen «л» darauf zu achten, dass die Mittelzunge gesenkt und die Zungenspitze bis zum Verschluss an die Oberzähne angehoben wird. Das harte russische «л» klingt ähnlich wie hartes «l» in engl. «full».

§ 11 Aussprache des russischen «р (р′)»

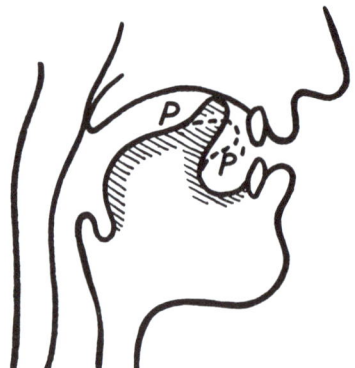

Beispiele:

hart (р)	weich (р′)
раз	ряд
рот	река́
ма́рка	дверь

Das russische «р» wird mit der Zungenspitze gebildet und ist kein Zäpfchen-r wie meist im Deutschen. Es klingt ähnlich wie das «rollende r» in «Trümmer des Römischen Reiches».

§ 12   Aussprache des russischen «x (x′)»

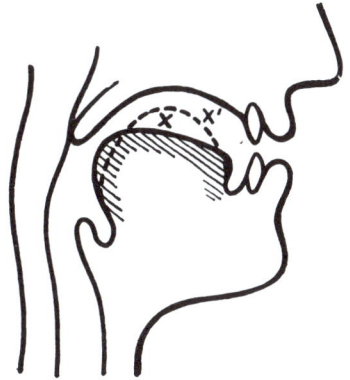

Beispiele:

hart (x)	weich (x′)
хао́с	хи́мик
хор	Херсо́н
ху́тор	хиру́рг

Das harte russische «x» klingt ähnlich wie «ch» im deutschen «ach», während das weiche «x′» dem deutschen «ch» in «ich» ähnlich ist.

§ 13   Der Konsonant «й (j)»

«й» steht nur nach Vokalen und bildet mit diesen **Diphthonge,** z. B.: мой, чай, чей usw.

§ 14   Funktion des Zeichens «ь (мя́гкий знак)»

«ь» besitzt keinen Lautwert. Es bezeichnet die **Weichheit** des vorhergehenden Konsonanten: чита́ть [-т′], день [-н′], то́лько [-л′]. Vor Vokalen weist es außerdem auf die Aussprache des «j» vor dem Vokal hin, z. B.: семья́ [-м′ja], статьёй [-т′joj], в семье́ [-м′je] usw.
Nach Zischlauten kennzeichnet «ь» nicht die Aussprache («ш» und «ж» sind immer hart, «щ» und «ч» immer weich), sondern bestimmte **grammatische Formen,** z. B. bei «чита́ешь, говори́шь» usw. die 2. Pers. Sg. und bei «рожь, ночь» u. a. das weibliche Geschlecht.

§ 15   Funktion des Zeichens «ъ (твёрдый знак)»

«ъ» besitzt ebenfalls keinen Lautwert. Es tritt nur im Wortinnern auf und weist darauf hin, dass der Konsonant davor **hart** ist und der folgende Vokal **jotiert** (mit «j») gesprochen wird, z. B.: объяви́ть [об-jавить], объе́кт [об-jект], отъе́хать [от-jехать] usw.
Die Konsonanten «с» und «з» werden allerdings auch vor «ъ» **weich** gesprochen, z. B.: съесть [с′-jесть], съезд [с′-jест] u. a.

14

§§ 16–17 Zur Assimilation (Angleichung) stimmhafter und stimmloser Konsonanten

§ 16   Stimmhafte Konsonanten werden im Wortauslaut und vor stimmlosen Konsonanten stimmlos gesprochen, z. B.:

1. im Wortauslaut: заво́д [завот], хлеб [хлеп], любо́вь [любоф], эта́ж [эташ] usw.

2. vor stimmlosen Konsonanten: все [фсе], блу́зка [блуска], за́втра [зафтра], везти́ [вести] usw.

3. in präpositionalen Verbindungen: из клу́ба [исклуба], под столо́м [потстолом], в шко́ле [фшколе] usw.

§ 17   Stimmlose Konsonanten werden **vor stimmhaften Konsonanten** stimmhaft gesprochen, z. B.: сде́лать [зделать], вокза́л [вогзал], про́сьба [проз'ба], с Бори́сом [зБорисом], от го́рода [одгорода], к до́му [гдому] usw.

Anmerkung:

Vor den nur stimmhaft gesprochenen Konsonanten «л, м, н, р» (vgl. § 8) sowie vor «в» bleiben die stimmlosen Konsonanten **stimmlos**, z. B.: кра́сный [-сн-], сли́шком [сл-], твой [тв-], к Влади́миру [кВлади́миру], с ним [сним] usw.

§§ 18–19 Regressive Einwirkung weicher Konsonanten auf vorangehende harte Konsonanten

Die Weichheit einiger Konsonanten kann vorangehende harte Konsonanten erweichen z. B.:

§ 18   «з» und «с» werden durch weiche «д', т', н'» und «л'» erweicht, vgl.: здесь [з'д'-], снять [с'н'-], во́зле [-з'л'-], е́сли [-с'л'-] u. a.

§ 19   «н» wird vor «д', т', ч» und «щ» erweicht, vgl.: ко́нчить [-н'ч-], же́нщина [-н'щ-], кандида́т [-н'д'-] u. a.

§§ 20–31 Zur Aussprache einiger weiterer Konsonantenverbindungen

§ 20   «з» und «с» vor dem Zischlaut «ш» verschmelzen mit diesem und werden wie langes «ш» [ш̄] ausgesprochen, z. B.: нёсший [нёш̄ий], вёзший [вёш̄ий], сшить [ш̄ить], с шофёром [ш̄офёром], с ше́рстью [ш̄ерстью], без шофёра (беш̄офёра) usw.

§ 21   «з» und «с» vor dem Zischlaut «ж» verschmelzen mit diesem und werden wie langes «ж» [ж̄] gesprochen, z. B.: сжать [ж̄ать], с жено́й [ж̄еной], без жены́ [беж̄ены], по́зже [пож̄е] usw.

§ 22   Diese Erscheinung der Verschmelzung bzw. Assimilation von Konsonanten, verbunden mit einer **Dehnung**, tritt auch bei anderen Konsonantenverbindungen auf, vgl. z. B.: идти́ [ит'и], бу́дто [бут̄о], занима́ться [занима́ца], занима́ется [занима́еца], от до́ма [од̄ома], под те́мой [пот'емой], **с** сестро́й [с̄естрой], из села́ [ис̄ела] u. a.

§ 23   «з» und «с» vor dem Zischlaut «ч» verschmelzen mit diesem zu «щ», z. B.: сча́стье [ща-], счита́ть [щи-], гру́зчик [-щ-], с чем [щем], из чего́ [ищего] u. a.

§ 24   «ч» vor «т» und vor «н» wird in einigen Wörtern wie «ш» gesprochen, z. B.: что [што], чтобы [штобы], ничто́ [ништо], коне́чно [-шно], ску́чно [-шно] u. a.

§ 25   Bei der Konsonantengruppe «-здн-» und «-стн-» werden die Konsonanten «д» und «т» nicht mitgesprochen, z. B.: по́здно [позно], пра́здник [празник], изве́стный [извесный], че́стный [чесный] u. a.

§ 26   In den Wörtern «здра́вствуй(те)», «чу́вство» und «чу́вствовать» wird in der Konsonantenverbindung »-вств-» das erste «в» nicht mitgesprochen: [здраствуй(те)], [чуство], [чуствовать].

§ 27   Das «т» im Adjektivsuffix «-истск- wird ebenfalls nicht mitgesprochen, z. B.: журнали́стский [-иск-] u. a.

§ 28   Das «л» im Wort «со́лнце» wird nicht gesprochen: [сонце].

§ 29   In den Wörtern «мя́гкий» und «лёгкий» sowie deren Ableitungen wird «г» als «х» gesprochen, z. B.: лёгкий [-хк-], облегча́ть [-хч-], мя́гкий [-хк-] u. a.

§ 30   Das «г» in den **Genitivendungen** der Adjektive und Pronomen sowie bei «сего́дня» wird als «в» gesprochen, z. B.: но́вого [новово], моего́ [моево], его́ [ево], сего́дня [севодня].

§ 31   Die Konsonantenverbindungen «-нк-» und «-нг-» in den Wörtern «банк, ло́зунг» u. a. werden **nicht nasal** gesprochen, sondern getrennt wie in «ankaufen» [an-kaufen], «angeben» [an-geben].

§§ 32–36 Häufiger Konsonanten- und Lautwechsel

§ 32

г		друг – дру́жба – друзья́, кни́га – кни́жный, дорого́й – доро́же, юг – ю́жный
з	→ ж	ни́зкий – ни́же, ре́зать – ре́жешь, сказа́ть – ска́жешь, вози́ть – вожу́ (во́зишь)
д		сиде́ть – сижу́ (сиди́шь), ви́деть – ви́жу (ви́дишь), молодо́й – моло́же
д → жд		освободи́ть – освобожда́ть – освобожде́ние, утверди́ть – утвержда́ть – утвержде́ние

§ 33

к		пла́кать – пла́чешь, кре́пкий – кре́пче, лёгкий – ле́гче, вели́кий – увели́чить
ц	→ ч	лицо́ – ли́чный, коне́ц – коне́чный, оте́ц – оте́ческий, ме́сяц – ежеме́сячный
т		свети́ть – свечу́ (све́тишь), хоте́ть – хо́чешь, рабо́та – рабо́чий, бога́тый – бога́че

§ 34

т		освети́ть – освеща́ть – освеще́ние
ст	→ щ	чи́стить – чи́щу (чи́стишь), пусти́ть – пущу́ (пу́стишь)
ск		иска́ть – и́щешь

§ 35

с		писа́ть – пи́шешь, высо́кий – вы́ше
х	→ ш	у́хо – у́ши, паха́ть – па́шешь

§ 36

б → бл		люби́ть – люблю́ (лю́бишь)
п → пл		купи́ть – куплю́ (ку́пишь)
в → вл		осуществи́ть – осуществлю́ (осуществи́шь)
м → мл		корми́ть – кормлю́ (ко́рмишь)
ф → фл		графи́ть – графлю́ (графи́шь)

§§ 37-44 Die russischen Vokale (Selbstlaute)

§ 37   Vokalbuchstaben und Vokallaute

Das Russische besitzt 10 Vokalbuchstaben, aber nur 5 Vokallaute. Vgl.:

harte Vokalbuchstaben: а о у э ы (Vokallaute)

weiche Vokalbuchstaben: я ё ю е и

§ 38   Zum Lautwert der Vokalbuchstaben «я, е, и, ё, ю»

Der Lautwert der Vokalbuchstaben «я, е, и, ё, ю» entspricht dem der Vokale «а, э, ы, о, у»; «я, е, и, ё, ю» bezeichnen lediglich die **Weichheit** des vorhergehenden Konsonanten, z. B.: Та́ня, мо́ре, мир, берёза, Лю́ба.

Im Wortanlaut, nach Vokalen sowie nach «ъ» und «ь» bezeichnen «я, е, ё, ю» den Lautwert **«j + а, э, о, у»** [йа, йэ, йо, йу], z. B.: мо́юсь, Фадéев, семья́, статьёй, отъéхать, Я́лта, éхать, ю́бка, ёмкость.

Nach «ь» hat auch «и» den Lautwert **«j + и»**, z. B.: статьи́, семьи́.

§ 39   Zur Aussprache der betonten Vokale «о (ё)» und «ы»

1. Betontes «о(ё)» wird ähnlich wie deutsches «о» in «offen, Torf» gesprochen, jedoch mit noch stärkerer Lippenrundung, z. B.: мост, торф, год, вот, берёза, даёт. Ein geschlossenes «о» wie im deutschen «Ofen, wo» usw. gibt es im Russischen nicht.

2. Der Laut «ы» hat im Deutschen keine genaue Entsprechung. Bei der Aussprache von «ы» werden die Lippen gespreizt, ähnlich wie bei der Aussprache des «и», die Zunge wird dabei jedoch zurückgezogen wie bei «у». Das russische «ы» klingt ähnlich dem deutschen «i» in «Fisch, Tisch, Gemisch». Vgl. Skizze:

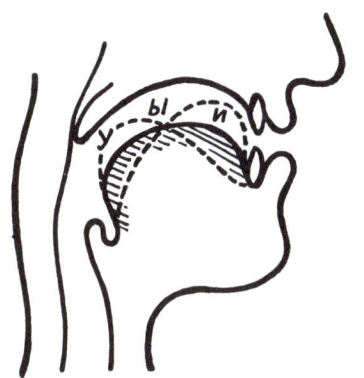

Beispiele:

у	ы	и
круг	Крым	крик
му́сор	мыть	мир
верну́ть	ны́не	никто́

§ 40   Zur Aussprache der unbetonten Vokale «а» und «о»

«А» und «о» werden unmittelbar vor der betonten Silbe sowie im absoluten Anlaut des Wortes wie **kurzes «а»** (hier durch «ă» gekennzeichnet) gesprochen, z. B.: окно́ [ăкно], откры́ть [ăткрыть], профéссор [прăфессор], апельси́н [ăпельсин], она́ [ăна], атмосфéра [ăтмăсфера].

In allen anderen unbetonten Silben werden «а» und «о» ähnlich dem deutschen **«e» in Watte, hatte»** usw. gesprochen (hier durch «ə» bezeichnet), z. B.: рабо́тать [рăботəть], молодо́й [мəлăдой], голова́ [гəлăва], дéло [делə].

Dieselben Regeln gelten auch für die Aussprache von Wortverbindungen, z. B.: над окно́м [нəдăкном], с Анто́ном [сăнтонəм], от головы́ [ăтгəлăвы].

§ 41   Zur Aussprache der unbetonten Vokale «e» und «я»

«E» und «я» werden unmittelbar vor der betonten Silbe wie ein **Mischlaut «и͡ᵉ»** gesprochen, z. B.: всегда́ [вси͡ᵉгда́], отвеча́ть [атви͡ᵉча́ть], тепе́рь [ти͡ᵉпе́рь], пяти́ [пи͡ᵉти́].

Im absoluten Anlaut eines Wortes spricht man «e» und «я» mit **j-Vorschlag**, z. B.: язы́к [ји͡ᵉзы́к], Яку́тск [ји͡ᵉку́тск], его́ [ји͡ᵉво́].

In allen anderen Stellungen (vor und nach der betonten Silbe) sprechen wir «e» und «я» wie ein **sehr kurzes «и»** (й), z. B.: переводи́ть [пйрйвӑди́ть], рабо́тает [рӑбо́тәйт], ты́сяча [ты́сйчә] usw. Die Aussprache des unbetonten «e» und «я» in Wortendungen tendiert dabei bei «я (а)» zu einem ganz kurzen «ы» (ы̆) und bei «e» zu einem ganz kurzen «и» (й) Es sind dies Murmellaute, ähnlich dem oben genannten «ә».

§ 42   Zur Aussprache des unbetonten «а» nach «щ» und «ч» und des unbetonten «e» nach «ж, ш, ц»

1. Unbetontes «а» nach den stets weichen Konsonanten «щ» und «ч» wird wie unbetontes «я» ausgesprochen (vgl. **§ 41**). Beispiele: часы́ [чи͡ᵉсы́], на́чали [на́чйли], щади́ть [щи͡ᵉди́ть] u. a.

2. Unbetontes «e» nach den stets harten Konsonanten «ж, ш, ц» wird unmittelbar vor der betonten Silbe wie ein «ы͡ᵉ»-Mischlaut, in allen anderen unbetonten Silben wie ein ganz kurzer «ы̆»-ähnlicher Murmellaut gesprochen (vgl. **§ 41**). Beispiele: жела́ние [жы͡ᵉла́ние], цеме́нт [цы͡ᵉме́нт], вы́шел [вы́шы̆л] u. a.

§§ 43–44 Häufiger Vokal- und Lautwechsel

§ 43

о → а	осмотре́ть – осма́тривать, пригото́вить – пригота́вливать, останови́ть – остана́вливать
е → и → о	беру́ – собира́ть – сбор, везти́ – вози́ть, умере́ть – умира́ть
е → ё	несу́ – нёс (нести́), жена́ – жёны (Pl.)
ы → у	слы́шать – слу́шать – слух
ы → о	мыть – мо́ешь, откры́ть – откро́ешь
ов → у	организова́ть – организу́ю, сове́товать – сове́тую
ев → ю	клева́ть – клюю́

§ 44

Ausfall und Einschub der Vokale «e», «o», «ё»	день – дня, дню; рот – рта, рту; отец – отца́, отцу́; лёд – льда́, льду́ окно́ – о́кон (G. Pl.), пе́сня – пе́сен (G. Pl.), дере́вня – дереве́нь (G. Pl.)

§§ 45-49 Wortbetonung und Satzintonation

§ 45-47 Zur Wortbetonung

§ 45   Da die Wortbetonung im Russischen relativ unregelmäßig ist, empfiehlt es sich, mit dem neuen Wort auch gleichzeitig die jeweilige Betonung des Wortes zu lernen.
Dabei ist zu beachten, dass die Betonung innerhalb des Formenbestandes des einzelnen Wortes bzw. der Wortart wechseln kann. Vgl. hierzu einige Grundtendenzen in der Wortbetonung des Russischen.

§ 46   Die Betonung ist regelmäßig, d. h., die Betonung der nominativen bzw. infiniten Wortform **bleibt** in allen abgewandelten Wortformen **erhalten**:

1. те́хникум, -а, -у …; Pl. те́хникумы, -ов, -ам …
зда́ние, -я, -ю …; Pl. зда́ния, -- (-й), -ям …
кни́га, -и, -е …; Pl. кни́ги, --, -ам …

2. но́вый, -ого, -ому …; Pl. но́вые, -ых, -ым …
знамени́тый – знамени́т, -а, -о, -ы
интере́сный – интере́сен, интере́сна, -о, -ы

3. чита́ть, -ю, -ешь, -ют
чита́л, -а, -и
чита́й
чита́ющий, чита́вший, чита́я
(про)чита́в(ши) u. a.

§ 47   Die Betonung der nominativen bzw. infiniten Wortform **bleibt nicht erhalten**:

1. Im Nominativ ist das Wort stammbetont und **vom Genitiv an** endbetont, z. B.:

мой, моего́, моему́ …   Pl. мои́, мои́х, мои́м …
(Ebenso: твой, свой, оди́н, весь u. a.)
стано́к, станка́, станку́ …   станки́, -о́в, -а́м …
грузови́к, грузовика́, -у́ …   грузовики́, -о́в, -а́м …

2. Die **finiten Verbformen** sind endbetont, z. B.:

брать – беру́, берёшь, берёт, -ём, -ёте, -у́т u. a.

3. Nur **im Plural** erfolgt Betonungswechsel, z. B.:

по́ле, по́ля, -ю …   Pl. поля́, поле́й, -я́м ..
век, ве́ка, -у …   века́, веко́в, -а́м …
круг, кру́га, -у …   круги́, круго́в, -а́м …
о́бласть, о́бласти, -и …   о́бласти, областе́й, -я́м …
но́вость, но́вости, -и …   но́вости, новосте́й, -я́м …
кольцо́, кольца́, -у́ …   ко́льца, коле́ц, ко́льцам …
се́рдце, се́рдца, -у …   сердца́, серде́ц, сердца́м …

4. Im Singular und Plural ist die Betonung **unregelmäßig**, z. B.:

нога́, ноги́, ноге́, но́гу, ного́й,   Pl. но́ги, ног, нога́м, но́ги, нога́ми,
ноге́   нога́х

доска́, доски́, доске́, до́ску, доско́й, доске́
до́ски, досо́к, доска́м, до́ски, доска́ми, доска́х

стена́, стены́, стене́, сте́ну, стено́й, стене́
сте́ны, стен, стена́м, сте́ны, стена́ми, стена́х u. a.

5. Nur die **1. Person** ist endbetont, z. B.:

смотре́ть – смотрю́, смо́тришь, -ит, -им, -ите, -ят
писа́ть – пишу́, пи́шешь, пи́шет, -ем, -ете, -ут
измени́ть – изменю́, изме́нишь, -ит, -им, -ите, -ят u. a.

6. Die Betonung einiger **Kurzformen des Partizips Präteritum Passiv** weicht von der Betonung der Langform ab, z. B.:

проведённый – проведён, проведена́, -о́, -ы́
приобретённый – приобретён, приобретена́, -о́, -ы́
(Weitere Beispiele s. **§§ 193–197.**)

7. Die Betonung einiger **Kurzformen des Adjektivs** weicht von der Betonung der Langform ab, z. B.:

хоро́ший – хоро́ш, хороша́, хорошо́, хороши́
тяжёлый – тяжёл, тяжела́, тяжело́, тяжелы́
но́вый – нов, нова́, но́во, но́вы́
чи́стый – чист, чиста́, чи́сто, чи́сты
ста́рый – стар, стара́, ста́ро, ста́ры́

Bei einigen Kurzformen gibt es mehrere zulässige Betonungsvarianten, z. B.: ста́ры́, но́вы́, чёрно (черно́), ко́ро́ток, ко́ро́тко́, ко́ротки́ u. a.

§§ 48–49 Zur Satzintonation

§ 48 Die Satzintonation spielt bei der Realisierung der mündlichen sprachlichen Kommunikation eine ganz entscheidende Rolle. Kennzeichnend für die Intonation ist ein ganzer Komplex von melodischen, dynamischen und temporalen Merkmalen. Dabei muss jedoch der **Melodieverlauf** als das auffälligste und auch wichtigste Merkmal angesehen werden. Um das Auf und Ab des Melodieverlaufs in einer mündlichen Äußerung zu veranschaulichen, benutzt man Strichmarkierungen, die innerhalb der Zeile oder über den Silben gesetzt werden, z. B.:

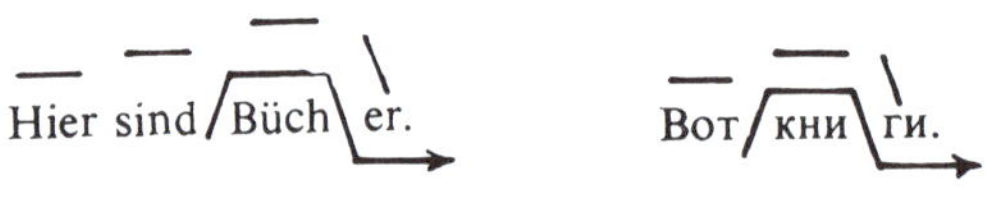

Bedeutung der verwendeten Zeichen:

— ebener Melodieverlauf,
/ steigender Melodieverlauf,
\ fallender Melodieverlauf,
/̅ steigender und anschließend leicht abfallender Melodieverlauf.

Jede mündliche Äußerung in Form von Aussage-, Frage-, Aufforderungs- bzw. Befehls- und Ausrufesätzen ist im Russischen ebenso wie im Deutschen an ein ganz bestimmtes intonatorisches Verlaufsmuster gebunden, wobei hier noch zwischen sachlich-affektfreien, sachlich-affektgeladenen und unsachlich-affektgeladenen Äußerungen unterschieden werden muss. Eine wichtige Voraussetzung für die richtige intonatorische Gestaltung einer mündlichen Äußerung ist jedoch auch die strenge Beachtung der jeweiligen Gliederung des Satzes bzw. der Rede in **Syntagmen** bzw. **Sprechtakte** (d. h. Gruppen von dem Sinn nach zusammengehörigen Wörtern innerhalb des Satzes, die durch Pausen voneinander getrennt werden).

Beispiele:

Извините, пожалуйста, / что я вам не позвонила вчера вечером.
(Entschuldigen Sie bitte, / dass ich Sie gestern Abend nicht angerufen habe.)

В нашем университете / учится около 10 тысяч студентов, / в том числе много иностранцев.
(An unserer Universität / studieren etwa 10000 Studenten, / darunter viele Ausländer.)

Wie im Deutschen, so kann natürlich auch im Russischen durch eine andere Gliederung der Sprechtakte und Verlagerung der Pausen der Sinn der Aussage verändert werden, z. B.:

Разве не убедил её ответ / Бориса?
(Hat denn ihre Antwort / Boris nicht überzeugt?)
Разве не убедил её / ответ Бориса?
(Hat die Antwort von Boris / sie denn nicht überzeugt?)

§ 49 Die 5 wichtigsten Intonationstypen (IT) im Russischen (nach E. A. Bryzgunova)

1. Der Intonationstyp I ist mit seiner abfallenden Tonführung für den Aussagesatz charakteristisch. Die abfallende Tonführung am Ende des Satzes (Haupt- und Nebensatz), d. h. der jeweiligen betonten Silbe des letzten Wortes im Satz, kennzeichnet die Abgeschlossenheit eines Gedankens, einer Aussage.

Beispiele:

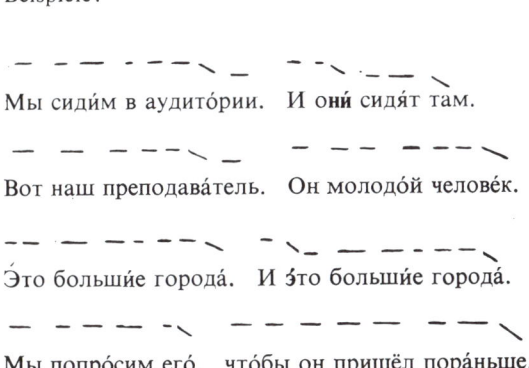

2. Der Intonationstyp II tritt vorwiegend in Fragesätzen auf, die durch Fragewörter (Pronomen, Adverb und Numerale) eingeleitet werden (Ergänzungsfragen). Charakteristisch für diesen Intonationstyp ist die Verstärkung der Wortbetonung im Intonationszentrum (der jeweiligen betonten Silbe des hervorgehobenen Wortes).

Beispiele:

Что ты де́лаешь?   **Ско́лько** сто́ит э́та кни́га?

Das Intonationszentrum kann auch vom Fragewort auf ein beliebiges anderes Wort verlagert werden, das hervorgehoben werden soll, d. h. die logische Bedeutung trägt. Auffallend ist hierbei das Abfallen des Tones am Ende der das Intonationszentrum tragenden Silbe:

Что **ты** де́лаешь?   Что ты **де́**лаешь?

Die Beantwortung dieser Fragen erfolgt immer mit dem Intonationstyp I (Tonsenkung im Intonationszentrum), z. B.:

Куда́ он пое́хал?   В командиро́вку.

Auch in Anreden, Ausrufe- und Aufforderungssätzen wird dieser Intonationstyp verwendet, jedoch in etwas abgewandelter Form, z. B.:

Бо**ри́с**!   От**кро́й**те окно́!

3. Den Intonationstyp III treffen wir vorwiegend in Fragesätzen ohne Fragewörter an, d. h. in den sogenannten Entscheidungsfragen. Aber auch in Aussagesätzen tritt er auf. Kennzeichnend für den Melodieverlauf ist hier der plötzliche Anstieg des Tones im Intonationszentrum.

Beispiele:

Вы уже́ прочита́ли э́ту кни́гу? Да, прочита́л.

Вы у**же́** прочита́ли э́ту кни́гу?

Вы уже́ прочи**та́**ли э́ту кни́гу?   usw.

In einigen Aussagesätzen kann mit diesem Intonationstyp die Weiterführung eines nicht abgeschlossenen Sinnabschnittes (besonders im Anfangssprechtakt) gekennzeichnet werden, z. B.:

Москва́ – / э́то столи́ца Росси́и.   В **го́**роде / не́сколько те́хникумов.

4. Der Intonationstyp IV tritt vorwiegend in unvollständigen Fragesätzen auf, die mit der Konjunktion «a» eingeleitet werden (Gegenüberstellungen). Aber auch in Aussagesätzen wird er verwendet, ebenso wie der Intonationstyp III. Hier tritt eine Tonhebung ein, wenn der Satz mit dem Intonationszentrum abschließt.

Beispiele:

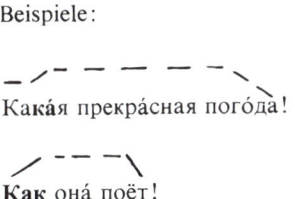

Я пишу́ статью́. А ты?

У меня́ ма́ло вре́мени. А у тебя́?

5. Der Intonationstyp V wird in Ausrufesätzen angewendet, die mit einem Fragewort eingeleitet werden. Er dient zur subjektiven Bewertung (Bewunderung, Verehrung, Vorwurf usw.).

Beispiele:

Кака́я прекра́сная пого́да!

Как она́ поёт!

Bei positiver Bewertung kann hier auch der Intonationstyp IV verwendet werden, z. B.:

Како́е вино́!

§§ 50-60 Wortbildung

§ 50 Bestandteile eines Wortes

Stamm			Endung
Präfix	Wurzel	Suffix	

Beispiele:

под	–	готов	–	и	–	ть
под	–	готов	–	к	–	а
по	–	строй	–	к	–	а
рас	–	сказ	–	**ыва**	–	ть
по	–	смотр	–	**е**	–	ть
		нов	–			**ый** (-ая, -ое; -ые)
пре	–	крас	–	**н**	–	**ый** (-ая, -ое; -ые)
		брат	–	**ск**	–	**ий** (-ая, -ое; -ие)
		работа	–	**ющ**	–	**ий** (-ая, -ее; -ие)
про	–	чита	–	**нн**	–	**ый** (-ая, -ое; -ые)

Präfix (Vorsilbe), **Wurzel** und **Suffix** (Nachsilbe) bilden jeweils den **Stamm** eines Wortes. Während Präfixe und Suffixe in der Regel zur Bildung neuer Wörter dienen, werden mit den **Endungen** nur verschiedene Formen ein und desselben Wortes gebildet, z. B. im Rahmen der Deklination, Konjugation, Komparation usw.

§§ 51-56 Zur Wortbildung des Substantivs

§ 51 Einige Suffixe zur Bildung von Substantiven

Suffixe bzw. Suffix + Endung	mit dem Suffix gebildetes Wort		Ausgangswort bzw. Wort mit gleicher Wurzel
-ани-е	зна́ние	Wissen, Kenntnis	знать
	описа́ние	Beschreibung	описа́ть, писа́ть
	зада́ние	Aufgabe	зада́ть, дать
	обору́дование	Ausrüstung, Einrichtung	обору́довать
	обслу́живание	Bedienung	обслу́живать
-анин	горожа́нин	Städter	го́род
-анк-а	горожа́нка	Städterin	
-янин	киевля́нин	Kiewer	Ки́ев
-янк-а	киевля́нка	Kiewerin	

Suffixe bzw. Suffix + Endung	mit dem Suffix gebildetes Wort		Ausgangswort bzw. Wort mit gleicher Wurzel
-арь	секрета́рь	Sekretär, Sekretärin	секретариа́т
	библиоте́карь	Bibliothekar	библиоте́ка
-аци-я	ликвида́ция	Liquidierung	ликвиди́ровать
	авиа́ция	Luftfahrt	авиа́тор
	демонстра́ция	Demonstration	демонстри́роватъ
-ени-е	выполне́ние	Erfüllung	вы́полнить
	повторе́ние	Wiederholung	повтори́ть
	значе́ние	Bedeutung	зна́чить
	сообще́ние	Mitteilung	сообщи́ть
-еств-о	о́бщество	Gesellschaft	о́бщий
-ец (-ка)	мерза́вец	Schurke	мерза́вый
	мерза́вка	Aas, Luder	
	украи́нец	Ukrainer	Украи́на
	украи́нка	Ukrainerin	
	африка́нец	Afrikaner	А́фрика
	африка́нка	Afrikanerin	
-изм	идеали́зм	Idealismus	идеа́л
	журнали́зм	Journalismus	журна́л
	тури́зм	Tourismus	тури́ст
-ик	исто́рик	Historiker	исто́рия
	хи́мик	Chemiker	хи́мия
	тупи́к	Sackgasse	тупо́й
-ист (-истк-а)	журнали́ст	Journalist	журна́л
	журнали́стка	Journalistin	
	тракори́ст	Traktorist	тра́ктор
	тракори́стка	Traktoristin	
-ич	москви́ч	Moskauer; Moskwitsch (Automarke)	Москва́
(-ичк-а)	москви́чка	Moskauerin	
-к-а	подгото́вка	Vorbereitung	подгото́вить
	стро́йка	Bau, Bauen	стро́ить
	чи́стка	Reinigung	чи́стить
	америка́нка	Amerikanerin	Аме́рика
	украи́нка	Ukrainerin	Украи́на

Suffixe bzw. Suffix + Endung	mit dem Suffix gebildetes Wort		Ausgangswort bzw. Wort mit gleicher Wurzel
-лк-а	се́ялка	Sämaschine	се́ять
	ве́шалка	Kleiderständer, -haken	ве́шать
-льник	буди́льник	Wecker	буди́ть
	холоди́льник	Kühlschrank	холоди́ть
-льщик	носи́льщик	Gepäckträger	носи́ть
-ник	учени́к	Schüler	уче́ние,
(-ниц-а)	учени́ца	Schülerin	учи́ться
	помо́щник	Helfer, Gehilfe	по́мощь, помо́чь
	помо́щница	Helferin	помога́ть
-ость (f.)	но́вость	Neuigkeit, Neuheit	но́вый
	ра́дость	Freude	рад
	сме́лость	Kühnheit	сме́лый
-ств-о	прави́тельство	Regierung	прави́тель
	руково́дство	Leitung	руководи́ть
	строи́тельство	Bau, Bauen	стро́ить
	а́вторство	Autorschaft	а́втор
-тель (m.)	учи́тель	Lehrer	учи́ть
(-тельниц-а)	учи́тельница	Lehrerin	
	преподава́тель	Lehrer (an Hoch- und Fachschulen)	преподава́ть
	преподава́тель- ница	Lehrerin (an Hoch- und Fachschulen)	
	строи́тель	Bauarbeiter, Erbauer	стро́ить
	дви́гатель	Motor	дви́гать
-ти-е	откры́тие	Eröffnung	откры́ть
-чик	перево́дчик	Übersetzer	переводи́ть
(-чиц-а)	перево́дчица	Übersetzerin	
	лётчик	Flieger, Pilot	полёт, лета́ть
	лётчица	Fliegerin	
-щик	ка́менщик	Maurer	ка́мень
(-щиц-а)	бето́нщик	Betonleger	бето́н
	фрезеро́вщик	Fräser	фрезерова́ть
	фрезеро́вщица	Fräserin	

§ 52   Suffixe zur Bildung von Vatersnamen (Ableitung vom Vornamen des Vaters)

Suffix bzw. Suffix + Endung	mit dem Suffix gebildetes Wort	Ausgangswort bzw. Wort mit gleicher Wurzel
-ич (-ичн-а)	Ники́тич (Бори́с Ники́тич Кузнецо́в) Ники́тична (А́нна Ники́тична Кузнецо́ва)	Ники́та
-ович (-овн-а) -евич (-евн-а)	Ива́нович (Андре́й Ива́нович Петро́в) Ива́новна (Тама́ра Ива́новна Петро́ва) Андре́евич (Ива́н Андре́евич Па́влов) Андре́евна (Людми́ла Андре́евна Па́влова)	Ива́н Андре́й

§ 53   Einige Suffixe der subjektiven Einschätzung

Im Russischen werden Wörter mit der Bedeutungsnuance einer subjektiven Einschätzung wesentlich häufiger gebraucht als im Deutschen.

1. Suffixe, die eine **Verkleinerung, Zärtlichkeit** usw. ausdrücken:

Suffix bzw. Suffix + Endung	mit dem Suffix gebildetes Wort		Ausgangswort bzw. Wort mit gleicher Wurzel
-еньк-а (-оньк-а)	подру́женька Ва́сенька берёзонька	(liebe) Freundin (lieber) Wasja (kleine) Birke	подру́га Ва́ся берёза
-ик	до́мик сто́лик	Häuschen, kleines Haus Tischchen, kleiner Tisch	дом стол
(-ичк-а)	води́чка сестри́чка	«Wasser»; oft für Erfrischungsgetränk gebraucht Schwesterchen	вода́ сестра́
-к-а	кни́жка но́жка ру́чка	Büchlein, kleines Buch Füßchen, kleiner Fuß Händchen, kleine Hand	кни́га нога́ рука́
-ок (-ёк)	дружо́к ручеёк	(lieber) Freund Bächlein	друг руче́й
-очк-а (-ечк-а)	ма́мочка па́почка ка́рточка кни́жечка	(liebe) Mama, Mamachen (lieber) Papa, Papachen Kärtchen, kleine Karte Büchlein, kleines Buch	ма́ма па́па ка́рта кни́га

Suffix bzw Suffix + Endung	mit dem Suffix gebildetes Wort		Ausgangswort bzw. Wort mit gleicher Wurzel
-ушк-а (-юшк-а)	де́душка дя́дюшка	Großväterchen Onkelchen	дед дя́дя
-ышк-о	со́лнышко	(liebe) Sonne	со́лнце

2. Einige Suffixe mit **abwertender, geringschätzender, verächtlicher** Bedeutung:

Suffix + Endung	mit dem Suffix gebildetes Wort		Ausgangswort bzw. Wort mit gleicher Wurzel
-онк-а (-ёнк-а)	бумажо́нка речо́нка лошадёнка избёнка	Fetzen Papier kümmerlicher Fluss, Rinnsal abgetriebener Gaul, Schindmähre primitive Hütte, Kate	бума́га река́ ло́шадь изба́
-ишк-а	бороди́шка мальчи́шка вори́шка	spärliches Bärtchen Bengel, Lausbub unbedeutender kleiner Dieb	борода́ ма́льчик вор
-ишк-о	городи́шко доми́шко	armseliges Städtchen elendes Häuschen	го́род дом

3. Einige Suffixe, die eine **Vergrößerung** ausdrücken:

Suffix + Endung	mit dem Suffix gebildetes Wort		Ausgangswort bzw. Wort mit gleicher Wurzel
-ин-а	дурачи́на дети́на	Riesendummkopf kräftiger Bursche	дура́к де́ти
-ищ-а	ручи́ща ножи́ща	sehr große Hand sehr großer Fuß	рука́ нога́
-ищ-е	доми́ще городи́ще ножи́ще	riesiges Haus riesige Stadt sehr großes Messer	дом го́род нож

§ 54   Bildung von Substantiven durch Wortzusammenfügung

1. Zusammenfügung durch einfache **Aneinanderreihung**:

Санкт-Петербу́рг, киножурна́л, радиопереда́ча

2. Zusammenfügung durch **Bindestrich (Einwortappositionen)**:

телефо́н-автома́т	Münzfernsprecher
юго-за́пад	Südwesten
ваго́н-рестора́н	Speisewagen
же́нщина-врач	Ärztin
царь-пло́тник	Zar und Zimmermann

Bei diesem Worttyp werden in der Regel b e i d e Bestandteile dekliniert. (Vergleichen und beachten Sie außerdem die deutsche Wiedergabe dieser Einwortappositionen.)

3. Zusammenfügung durch **Bindevokal «o/e»**:

машиностро́ение	Maschinenbau
парохо́д	Dampfer
железобето́н	Stahlbeton
снегопа́д	Schneefall
языкозна́ние	Sprachwissenschaft
земледе́лие	Ackerbau
кругооборо́т	Umlauf
самолёт	Flugzeug

4. Zusammenfügung von Substantiven mit **Grundzahlwörtern im Genitiv**:

двуо́кись	Dioxyd
трёхчле́н	Trinom
пятиле́тие	fünfter Jahrestag
четырёхуго́льник	Viereck

§ 55   Mehrwortverbindungen

кни́жный магази́н	Buchhandlung
газе́тный кио́ск	Zeitungskiosk
высо́тное зда́ние	Hochhaus
библиоте́ка им. Пу́шкина	Puschkinbibliothek
большинство́ в две тре́ти	Zweidrittelmehrheit
усло́вия поку́пки	Kaufbedingungen
кни́га для чте́ния	Lesebuch
поку́пка за нали́чный расчёт	Barkauf

Unter Mehrwortverbindungen versteht man Verbindungen aus mehreren selbständigen Wörtern, die in ihrer Gesamtheit jedoch jeweils nur einen lexikalischen Begriff wiedergeben. Bei diesem Typ ist besonders die deutsche Wiedergabe durch ein e i n z i g e s Kompositum zu beachten.

§ 56   Zur Bildung von Kurzwörtern

1. Silbentyp (Wortbildung aus Anfangssilben anderer Wörter):

посылто́рг (посы́лочная торго́вля)	Versandhaus
универма́г (универса́льный магази́н)	Warenhaus

2. Mischtyp (Anfangssilben + ein vollständiges Wort):

стенгазе́та (стенна́я газе́та)	Wandzeitung
хозрасчёт (хозя́йственный расчёт)	wirtschaftliche Rechnungsführung

3. Initialtyp (Wortbildung aus Anfangsbuchstaben der einzelnen Wörter einer Wortverbindung):

МГУ [Эм-Гэ-У]	MGU
(Моско́вский Госуда́рственный университе́т)	
ФРГ [Фэ-Эр-Гэ]	BRD
(Федерати́вная Респу́блика Герма́ния)	

Dieser Kurzworttyp wird nach den Buchstabennamen ausgesprochen und ist indeklinabel.

ВТУЗ, -а [ВТУС]	Technische Hochschule
(Вы́сшее техни́ческое уче́бное заведе́ние)	
ВИЧ, -а [ВИЧ]	HIV
(ви́рус иммунодефици́та челове́ка)	
ГУМ, -а [ГУМ]	GUM (großes Warenhaus in Moskau)
(Госуда́рственный универса́льный магази́н)	

Dieser Kurzworttyp wird nach dem Lautwert der einzelnen Buchstaben ausgesprochen und ist deklinabel.

§§ 57–58 Zur Wortbildung des Adjektivs

§ 57   Einige Suffixe zur Bildung von Adjektiven

Suffix	mit dem Suffix gebildetes Wort		Ausgangswort bzw. Wort mit gleicher Wurzel
-альн-	центра́льный	zentral	центр
	музыка́льный	musikalisch	му́зыка
-арн- (-ярн-)	элемента́рный	elementar	элеме́нт
	молекуля́рный	molekular	моле́кула
-енн-	произво́дственный	Produktions-	произво́дство
	прави́тельственный	Regierungs-	прави́тельство
	госуда́рственный	Staats-, staatlich	госуда́рство
	вое́нный	Kriegs-, Militär-	война́
	ка́чественный	Qualitäts-	ка́чество

Suffix	mit dem Suffix gebildetes Wort		Ausgangswort bzw. Wort mit gleicher Wurzel
-ивн-	эффекти́вный	effektiv	эффе́кт
	спорти́вный	sportlich	спорт
	продукти́вный	produktiv	проду́кт
-ит-	серди́тый	zornig, verärgert	серди́ться
-ическ-	математи́ческий	mathematisch	матема́тика
	физи́ческий	physikalisch	фи́зика
	географи́ческий	geographisch	геогра́фия
	полити́ческий	politisch	поли́тика
-лив-	тала́нтливый	talentiert	тала́нт
-льн-	умыва́льный	Wasch-	умыва́ть
-н-	кла́ссный	Klassen-	класс
	культу́рный	Kultur-	культу́ра
	желе́зный	Eisen-, eisern	желе́зо
-н́-	вече́рний	Abend-	ве́чер
	ле́тний	Sommer-	ле́то
	весе́нний	Frühlings-	весна́
-ов-	мирово́й	Welt-	мир
	трудово́й	Arbeits-	труд
	грузово́й	Last-, Fracht-	груз
-онн-	революцио́нный	revolutionär	револю́ция
(-ионн-)	коммиссио́нный	Kommissions-	коми́ссия
	традицио́нный	traditionell	тради́ция
-ор-	иллюзо́рный	illusionär	иллю́зия
-ск-	сиби́рский	sibirisch, Sibirien-	Сиби́рь
	бра́тский	Bruder-, brüderlich	брат
	апре́льский	April-	апре́ль

§ 58   Bildung von Adjektiven mit einem Grundzahlwort im Genitiv als erstem Glied

двухэта́жный	zweistöckig
пятиме́сячный	fünfmonatig
двадцатито́мный	zwanzigbändig
трёхле́тний	dreijährig

§§ 59–60   Zur Wortbildung des Verbs

§ 59   Einige Suffixe zur Bildung von Verben

Suffix	mit dem Suffix gebildetes Wort		Ausgangswort bzw. Wort mit gleicher Wurzel
-а-/-я-	за́втрак**а**ть *uv.*	frühstücken	за́втрак
	обе́дать *uv.*	Mittag essen	обе́д
	у́жинать *uv.*	Abendbrot essen	у́жин
	отвеча́ть *uv.*	antworten	отве́тить *v.*
	повторя́ть *uv.*	wiederholen	повтори́ть *v.*
	выполня́ть *uv.*	erfüllen	вы́полнить *v.*
-ва-	да**ва́**ть *uv.*	geben	дать *v.*
	узнава́ть *uv.*	erkennen	узна́ть *v.*
-е-	худе́ть *uv.*	abmagern, abnehmen	худо́й
	полне́ть *uv.*	zunehmen	по́лный
	темне́ть *uv.*	dunkel werden	тёмный
-и-	корми́ть *uv.*	füttern	корм
	грузи́ть *uv.*	beladen	груз
	коси́ть *uv.*	mähen	коса́
-изирова-	автомат**изи́рова**ть *uv.*	automatisieren	автоматиза́ция
	механизи́ровать *uv.*	mechanisieren	механиза́ция
	стабилизи́ровать *uv.*	stabilisieren	стабилиза́ция
-ирова-	демонстр**и́рова**ть *uv.*	demonstrieren	демонстра́ция
	протоколи́ровать *uv.*	protokollieren	протоко́л
	экспорти́ровать *uv.*	exportieren	э́кспорт
-ну-	прони́к**ну**ть *v.*	eindringen, durchdringen	проника́ть *uv.*
	привы́кнуть *v.*	sich gewöhnen	привыка́ть *uv.*
	дости́гнуть *v.*	erreichen	достига́ть *uv.*

Suffix	mit dem Suffix gebildetes Wort		Ausgangswort bzw. Wort mit gleicher Wurzel
-ова- (-ева-)	организо**ва**ть *uv.*	organisieren	организа́ция
	сове́товать *uv.*	(be)raten	сове́т
	рискова́ть *uv.*	riskieren	риск
	танц**ева́**ть *uv.*	tanzen	та́нец
	ночева́ть *uv.*	übernachten	ночь
-ыва- (-ива-)	расска́**зыва**ть *uv.*	erzählen	расска́з
	зака́зывать *uv.*	bestellen	зака́з, заказа́ть *v.*
	увели́**чива**ть *uv.*	vergrößern	увели́чить *v.*
	догова́риваться *uv.*	übereinkommen, sich absprechen	договори́ться *v.*

§ 60 Einige Präfixe zur Bildung von Verben

Präfix	mit dem Präfix gebildetes Wort		Ausgangswort bzw. Wort mit gleicher Wurzel
в- (во-)	**в**ходи́ть (**во**йти́ *v.*)	hineingehen	ходи́ть, вход
	въезжа́ть (**въ**е́хать *v.*)	einfahren, hinein-fahren	е́здить, е́хать
	вноси́ть (**в**нести́ *v.*)	hineintragen	носи́ть
	вта́лкивать (**в**толкну́ть *v.*)	hineinstoßen	толка́ть
вы-	**вы**ходи́ть (**вы́**йти *v.*)	hinausgehen	ходи́ть, вы́ход
	вылета́ть (**вы́**лететь *v.*)	ausfliegen, abfliegen	лета́ть, вы́лет
	выключа́ть (**вы́**ключить *v.*)	ausschalten	ключ, включи́ть
	выпада́ть (**вы́**пасть *v.*)	herausfallen	па́дать
до-	**до**ку́ривать (**до**кури́ть *v.*)	zu Ende rauchen, ausrauchen	кури́ть
	догова́ривать (**до**говори́ть *v.*)	zu Ende sprechen, alles aussprechen	говори́ть
	догружа́ть (**до**грузи́ть *v.*)	zuladen, zu Ende laden	грузи́ть
	доходи́ть (до) (**до**йти́ *v.*)	bis zu … gehen	ходи́ть

Präfix	mit dem Präfix gebildetes Wort		Ausgangswort bzw. Wort mit gleicher Wurzel
за-	зака́нчивать (зако́нчить *v.*)	beenden, abschließen	ко́нчить
	заку́ривать (закури́ть *v.*)	anrauchen, anfangen zu rauchen	кури́ть
	зама́зывать (зама́зать *v.*)	zuschmieren, verschmieren	ма́зать
	закрича́ть *v.*	anfangen zu schreien	крича́ть
из- (изо-, ис-)	изменя́ть (измени́ть *v.*)	verändern	меня́ть
	изму́чить *v.*	(ab)quälen	му́чить
	измеря́ть (изме́рить *v.*)	(ver)messen	ме́рить
	изогну́ть *v.* (изгиба́ть *uv.*)	(ver)biegen, ausbiegen	гнуть
	испека́ть (испе́чь *v.*)	ausbacken	печь
на-	написа́ть *v.*	(auf)schreiben, niederschreiben	писа́ть
	напива́ться (напи́ться *v.*)	sich satt trinken, den Durst löschen	пить
	наеда́ться (нае́сться *v.*)	sich satt essen	есть
	наку́риваться (накури́ться *v.*)	sich satt rauchen	кури́ть
о- (об-, обо-)	осма́тривать (осмотре́ть *v.*)	ansehen, besehen	смотре́ть
	обходи́ть (обойти́ *v.*)	begehen, einen Rundgang machen, um etwas herumgehen	ходи́ть
	обжига́ть (обже́чь *v.*)	verbrennen, verbrühen	жечь
	обрыва́ть (оборва́ть *v.*)	abreißen, zerreißen, abbrechen	рвать
от- (ото-)	отлива́ть (отли́ть *v.*)	(ab)gießen	лить
	отлета́ть (отлете́ть *v.*)	(ab)fliegen	лета́ть
	отходи́ть (от) (отойти́ *v.*)	weggehen, beiseite treten, zurücktreten	ходи́ть
пере- (пре-)	перестра́ивать (перестро́ить *v.*)	umbauen	стро́ить
	перегружа́ть (перегрузи́ть *v.*)	überladen, überlasten	грузи́ть

Präfix	mit dem Präfix gebildetes Wort		Ausgangswort bzw. Wort mit gleicher Wurzel
	переноси́ть (перенести́ v.)	hinübertragen	носи́ть
	перепла́чивать (переплати́ть v.)	zu viel zahlen, überzahlen	плати́ть
по-	постро́ить v.	bauen	стро́ить
	пое́хать v.	hinfahren, losfahren	е́хать
	поговори́ть v.	ein wenig (eine Zeit lang) sprechen, sich unterhalten	говори́ть
	посиде́ть v.	etwas (eine Zeit lang) sitzen	сиде́ть
под- (подо-)	подводи́ть (подвести́ v.)	heranführen, herbeiführen	води́ть
	подде́рживать (поддержа́ть v.)	unterstützen	держа́ть
	подпи́сывать (подписа́ть v.)	unterschreiben	писа́ть
	подкрепля́ть (подкрепи́ть v.)	(be)kräftigen, erhärten, härten	крепи́ть
пред-	предви́деть v.	vorhersehen	ви́деть
	представля́ть (предста́вить v.)	vorstellen, darstellen	ста́вить
	предстоя́ть uv.	bevorstehen	стоя́ть
при-	приходи́ть (прийти́ v.)	(hin)kommen	ходи́ть
	приезжа́ть (прие́хать v.)	herfahren, (gefahren) kommen	е́здить, е́хать
	привлека́ть (привле́чь v.)	heranziehen	влечь
	прикрепля́ть (прикрепи́ть v.)	befestigen	крепи́ть
	приоткрыва́ть (приоткры́ть v.)	ein wenig öffnen	откры́ть
про-	проходи́ть (пройти́ v.)	hindurchgehen	ходи́ть
	проезжа́ть (прое́хать v.)	vorüberfahren, vorbeifahren	е́здить, е́хать
	прораба́тывать (прорабо́тать v.)	durcharbeiten	рабо́тать
	проводи́ть (провести́ v.)	durchführen	води́ть

Präfix	mit dem Präfix gebildetes Wort		Ausgangswort bzw. Wort mit gleicher Wurzel
раз- (разо-, рас-)	**раз**носи́ть (разнести́ v.)	austragen, verbreiten, in Umlauf bringen	носи́ть
	разгружа́ть (разгрузи́ть v.)	Ladung löschen, ausladen	грузи́ть
	раздава́ть (разда́ть v.)	verteilen, austeilen	дать
	разрыва́ть (**разо**рва́ть v.)	zerreißen	рвать
	разогрева́ть (разогре́ть v.)	erhitzen, aufwärmen	греть
	растира́ть (растере́ть)	verreiben	тере́ть
с- (со-)	**с**де́лать v. (де́лать uv.)	machen, tun	де́лать
	свя́зывать (связа́ть v.)	zusammenbinden	вяза́ть
	сгоре́ть v. (горе́ть uv.)	verbrennen	горе́ть
	скоси́ть v. (коси́ть uv.)	abmähen	коси́ть
	среза́ть (сре́зать v.)	abschneiden	ре́зать
	спуска́ть (спусти́ть v.)	hinunterlassen	пуска́ть
у-	**у**ходи́ть (уйти́ v.)	fortgehen, weggehen	ходи́ть
	уезжа́ть (уе́хать v.)	fortfahren, wegfahren	е́здить, е́хать
	убира́ть (убра́ть v.)	wegräumen, auf- räumen, beseitigen	брать

§§ 61-209 Formenlehre (Morphologie)

§§ 61-93 Das Substantiv (Hauptwort)

§ 61 Zum Genus (Geschlecht) des Substantivs

Wie das Deutsche, so hat auch das Russische drei Geschlechter, die man nur an der Wortendung bzw. am Wortauslaut erkennt, da das Russische keine Artikel besitzt.

Männliche Substantive (Maskulina) lauten auf einen harten oder weichen Konsonanten aus, z. B.: студе́нт, заво́д, автомоби́ль (mit G. auf «-я»), трамва́й.

Sächliche Substantive (Neutra) enden auf «-о, -е, -ё, -(м)я», z. B.: сло́во, по́ле, зда́ние, ружьё, и́мя.

Weibliche Substantive (Feminina) enden auf «-а» oder «-я» bzw. auf einen weichen Konsonanten, z. B.: страна́, неде́ля, ли́ния, жизнь (mit G. auf «-и»).

§ 62 Zum Genus der undeklinierbaren Substantive

Undeklinierbare Substantive, die Sachen bezeichnen, sind in der Regel **Neutra**, z. B.: ра́дио, кино́, такси́, купе́, интервью́, меню́ u. a.
Das Geschlecht der undeklinierbaren **Kurzwörter** wie «СНГ», «ФРГ» u. a. wird durch das Geschlecht des jeweiligen Grund- bzw. Bezugswortes der Wortverbindung bestimmt, z. B.: СНГ (**Содру́жество** Незави́симых Госуда́рств), ФРГ (Федерати́вная **Респу́блика** Герма́ния) usw.

§ 63 Grammatisches und natürliches Geschlecht

Einige Substantive mit weiblicher Endung bezeichnen männliche Personen, und einige männliche Substantive wiederum können weibliche Personen bezeichnen.

Das **Prädikat** richtet sich in diesen Fällen nach dem jeweiligen natürlichen Geschlecht, z. B.:

Мой дя́дя заболе́л.	Mein Onkel ist erkrankt.
Ко́ля уже́ прие́хал.	Kolja ist schon angekommen.
Пришла́ уже́ дире́ктор Ри́хтер?	Ist die Direkto**rin**, Frau Richter, schon gekommen?
Ни́на хоро́ший бухга́лтер.	Nina ist eine gute Buchhalterin.
Ка́тя ещё молодо́й врач.	Katja ist eine noch junge Ärztin.

Anmerkung:
Hierbei ist zu beachten, dass konsonantisch auslautende **Eigennamen weiblicher Personen**, wie «Леман», «Мюллер» u. a., nicht dekliniert werden, z. B.:

Я говори́л с госпожёй Ри́хтер.	Ich sprach mit Frau Richter.

Aber:

Я говори́л с господи́ном Ри́хтером.	Ich sprach mit Herrn Richter.

§ 64   Zu Substantiven, die Belebtes oder Unbelebtes bezeichnen

Im Gegensatz zum Deutschen unterscheidet das Russische bei der Deklination zwischen Substantiven, die Lebewesen bezeichnen, und allen übrigen Substantiven. Diese Unterscheidung äußert sich darin, dass der **Akkusativ Singular** bei **männlichen** Substantiven, die Lebewesen bezeichnen, dieselbe Endung aufweist wie der Genitiv Singular. Im **Plural** trifft dies für **alle** Substantive zu, die Lebewesen bezeichnen.

Beispiele:

Sg. N.	студе́нт	строи́тель	(продавщи́ца)	(де́вушка)
G.	студе́нт**а**	строи́тел**я**		
A.	студе́нт**а**	строи́тел**я**		
Pl. N.	студе́нт**ы**	строи́тел**и**	продавщи́ц**ы**	де́вушк**и**
G.	студе́нт**ов**	строи́тел**ей**	продавщи́ц	де́вушек
A.	студе́нт**ов**	строи́тел**ей**	продавщи́ц	де́вушек

Ausgenommen von dieser Regel sind nur sogenannte **Kollektiva**, die eine Gesamtheit von Lebewesen bezeichnen, z. B.: наро́д, класс, табу́н u. a. Hier ist der Akkusativ immer gleich dem Nominativ.

§ 65   Undeklinierbare Substantive

Nicht dekliniert werden:

1. Fremdwörter, Eigen- und Gattungsnamen auf «-о, -е, -и, -у, -ю» und betontes «-á» sowie «-я́», z. B.: ра́дио, кино́, бюро́, метро́, пальто́, Бордо́, купе́, кафе́, ателье́, Гёте, Гейне, такси́, Тбили́си, кенгуру́, Баку́, интервью, меню́, буржуа́, Золя́ u. a.

2. Fremdwörter sowie **ausländische Vor- und Familiennamen**, die **weibliche** Personen bezeichnen und auf einen harten Konsonanten auslauten, z. B.: мадам, фрёйлейн, Ге́ртруд, Ва́льтрауд, Ле́ман, Мю́ллер usw. (vgl. § 63, **Anm.**). Zu beachten ist hierbei, dass die Vornamen auf «-a/-я» natürlich dekliniert werden, z. B.: Мы ви́дели Э́рику Ле́ман.

3. ukrainische Familiennamen auf «-ко» und russische Familiennamen auf «-ово, -ых, -их», z. B. Мака́ре́нко[1], Дурно́во, Черны́х u. a.

4. Abkürzungen, die nach dem Buchstabennamen ausgesprochen werden, wie z. B. ФРГ, СНГ, МГУ, ООН u. a. (Vgl. § 56/3).

---

[1] Mehrere Betonungszeichen über einem Wort bedeuten, dass es hier mehrere Betonungsmöglichkeiten gibt.

§ 66   Deklinationsmuster für die Maskulina

		1	2	3	4	5
Sg. N.		**заво́д**	**строи́тель**	**рубль**	**трамва́й**	**крите́рий**
G.		заво́да	строи́теля	рубля́	трамва́я	крите́рия
D.		-у	-ю	-ю́	-ю	-ю
A.		*wie N.*	*wie G.*	*wie N.*	*wie N.*	*wie N.*
I.		-ом	-ем	-ём	-ем	-ем
P.	(о)	-е	-е	-е́	-е	-и
Pl. N.		заво́ды	строи́тели	рубли́	трамва́и	крите́рии
G.		заво́дов	строи́телей	рубле́й	трамва́ев	крите́риев
D.		-ам	-ям	-я́м	-ям	-ям
A.		*wie N.*	*wie G.*	*wie N.*	*wie N.*	*wie N.*
I.		-ами	-ями	-я́ми	-ями	-ями
P.	(о)	-ах	-ях	-я́х	-ях	-ях
		(Werk)	(Bauarbeiter)	(Rubel)	(Straßen-bahn)	(Kriterium)

§ 67   Deklinationsmuster für die Neutra

		6	7	8	9	10	11
Sg. N.		**сло́во**	**по́ле**	**пла́тье**	**ружьё**	**зда́ние**	**и́мя**
G.		сло́ва	по́ля	пла́тья	ружья́	зда́ния	и́мени
D.		-у	-ю	-ю	-ю́	-ю	-и
A.		*wie N.*	*wie N.*	*wie N.*	*wie N.*	*wie N.*	*wie N.*
I.		-ом	-ем	-ем	-ём	-ем	-ем
P.	(о)	-е	-е	-е	-е́	-и	-и
Pl. N.		слова́	поля́	пла́тья	ру́жья	зда́ния	имена́
G.		слов	поле́й	пла́тьев	ру́жей	зда́ний	имён
D.		-а́м	-я́м	-ям	-ям	-ям	имена́м
A.		*wie N.*	*wie N.*	*wie N.*	*wie N.*	*wie N.*	*wie N.*
I.		-а́ми	-я́ми	-ями	-ями	-ями	-а́ми
P.	(о)	-а́х	-я́х	-ях	-ях	-ях	-а́х
		(Wort)	(Feld)	(Kleid)	(Gewehr)	(Gebäude)	(Name)

§ 68   Deklinationsmuster für die Feminina

		12	13	14	15	16
Sg. N.		шко́ла	неде́ля	статья́	ли́ния	часть
G.		шко́лы	неде́ли	статьи́	ли́нии	ча́сти
D.		-е	-е	-е́	-и	-и
A.		-у	-ю	-ю́	-ю	wie N.
I.		-ой	-ей	-ёй	-ей	-ью
P.	(о)	-е	-е	-е́	-и	-и
Pl. N.		шко́лы	неде́ли	статьи́	ли́нии	ча́сти
G.		школ	неде́ль	стате́й	ли́ний	часте́й
D.		-ам	-ям	статья́м	ли́ниям	-ям
A.		wie N.	wie N.	wie N.	wie N.	wie N.
I.		-ами	-ями	-я́ми	-ями	-я́ми
P.	(о)	-ах	-ях	-я́х	-ях	-я́х
		(Schule)	(Woche)	(Artikel)	(Linie)	(Teil)

§ 69 Tabelle mit den Deklinationsendungen des Substantivs¹

	Maskulina hart	Maskulina weich		Neutra hart	Neutra weich		Feminina hart	Feminina weich	
	-	-й	-я (-ю)	-о (-е)	-е (-ё)	-(м)я	-а	-я	-ь
Sg. N.	-	-й	-я (-ю)	-о (-е)	-е (-ё)	-(м)я	-а	-я	-ь
G.	-а (-у)	-я	-ю	-а	-я	-ени	-ы (-и)	-и	-и
D.	-у	-ю		-у	-ю	-ени	-е	-е (-и)	-и
A.	Bei Lebewesen A. wie G., bei Sachen A. wie N.			-о (-е)	-е (-ё)	-(м)я	-у	-ю	-ь
I.	-ом (-ем)	-ем (-ём)		-ом (-ем)	-ем (-ём)	-енем	-ой (-ей, -ою)	-ей (-ею)	-ью
P.	-е (-у)	-е (-ю, -и)		-е	-е (-и)	-ени	-е	-е (-и)	-и (-ий)
Pl. N.	-ы (-и, -а, -ья, -е, -ата, -ята)	-и (-я, -ья)		-а (-ья, -и)	-я (-ья)		-ы (-и)	-и	
G.	-ов (-ев, -ей, -)	-ей		- (-ей, -ев)	-ей (-й, -ев)		- (-ей)	- (ь) (-ей, -й)	-ей
D.	-ам	-ям		-ам (-ям)	-ям		-ам	-ям	-ям (-ам)
A.	A. wie N. oder G.			A. wie N.			A. wie N. oder G.		
I.	-ами	-ями		-ами (-ями)	-ями		-ами	-ями	-ями (-ами)
P.	-ах	-ях		-ах (-ях)	-ях		-ах	-ях	-ях (-ах)

¹ Diese Tabelle ist vorwiegend nach lernökonomischen und lerntechnischen Gesichtspunkten zusammengestellt. Wissenschaftlich-theoretische Überlegungen wurden hier zurückgestellt.

§§ 70–77 Zur Deklination der Maskulina

§ 70   Maskulina mit hartem Stammauslaut sowie auf «ч-, ц-»

	Sg.		Pl.	
N.	заво́д	студе́нт	заво́ды	студе́нты
G.	заво́да	студе́нта	заво́дов	студе́нтов
D.	заво́ду	студе́нту	заво́дам	студе́нтам
A.	*wie N.*	*wie G.*	*wie N.*	*wie G.*
I.	заво́дом	студе́нтом	заво́дами	студе́нтами
P.	(о) заво́де	студе́нте	заво́дах	студе́нтах
	(Werk)	(Student)		

Beachten Sie dabei:

1. Lautet der Wortstamm auf «-г, -к, -х» oder «-ж, -ш, -ч, -щ» aus, so wird immer «и» statt «ы» geschrieben, z. B.:

те́хник	N. Pl. те́хники	
нож	ножи́	
врач	врачи́	(Vgl. hierzu auch **§ 3.**)

2. Lautet der Wortstamm auf «-ц, -ж, -ш, -ч, -щ» aus, so tritt in der Endung des I. Sg. (bei «-ц» auch im G. Pl.) nur betontes «о» auf, sonst wird «e» geschrieben, z. B.:

оте́ц	I. Sg. отцо́м, G. Pl. отцо́в
	(*aber:* ме́сяц, ме́сяцем, ме́сяцев)
нож	I. Sg. ножо́м, G. Pl. ноже́й (Vgl. hierzu auch **§ 4.**)

3. Lautet der Wortstamm auf «-ж, -ш, -ч, -щ» aus, so endet der G. Pl. auf «-ей», z. B.:

врач	N. Pl. врачи́, G. Pl. враче́й	
нож	ножи́	ноже́й	(Vgl. hierzu auch **§ 5.**)

§ 71   Maskulina mit weichem Stammauslaut (außer «ч-, -ц»)

	Sg.		Pl.	
N.	строи́тель	музе́й	строи́тели	музе́и
G.	строи́теля	музе́я	строи́телей	музе́ев
D.	строи́телю	музе́ю	строи́телям	музе́ям
A.	*wie G.*	*wie N.*	*wie G.*	*wie N.*
I.	строи́телем	музе́ем	строи́телями	музе́ями
P.	(о) строи́теле	музе́е	строи́телях	музе́ях
	(Bauarbeiter)	(Museum)		

Beachten Sie dabei:

1. **Betontes «e»** im I. Sg. der Maskulina auf «-(ь)» und «-(й)» wird zu «ё». Dasselbe gilt auch für den G. Pl. bei Maskulina auf «-(й)», z. B.:

рубль (Rubel)	G. Sg. рубля́	I. Sg. рублём
край (Land)	N. Pl. кра́я	G. Pl. краёв

2. Männliche Substantive auf «-(ь)» enden-im **G. Pl.** immer auf «-ей», männliche Substantive auf «-(и)й» enden im **P. Sg.** immer auf «-(и)и», z. B.:

| строитель | N. Pl. строители | G. Pl. строителей |
| гений | G. Sg. гения | P. Sg. гении |

§ 72   Maskulina mit flüchtigem «e, o, ё»

Bei einigen Maskulina fallen diese Vokale beim Deklinieren aus, z. B.:

конец, конца, концу … (Ende)
уголь, угля, углю … (Kohle)
отец, отца, отцу … (Vater)
кружок, кружка, кружку … (Zirkel)

§ 73   Genitiv Sg. auf «-у (-ю)»

1. Einige Maskulina haben im G. Sg. zur Bezeichnung eines Teiles einer Stoffmenge neben der normalen Endung «-а» (-я)» auch die Endung «-у (-ю)». Es ist dies der sogenannte **partitive Genitiv** oder **Mengengenitiv.**

Beispiele:

сахар (Zucker)	кило сахару
табак (Tabak)	пачка табаку
сыр (Käse)	200 грамм(ов) сыру
бензин (Benzin)	30 литров бензину
чай (Tee)	пачка чаю

Ebenso: шоколад – шоколаду, материал – материалу, товар – товару, картофель – картофелю, суп – супу, корм – корму, цемент – цементу, снег – снегу, народ – народу u. a. m.
In der Umgangssprache wird jedoch immer häufiger an Stelle der Form auf «-у (-ю)» der normale Genitiv auf «-а (-я)» gebraucht.

2. Bei Bezeichnung bzw. Bestimmung der **Güte,** des **Preises** usw. (also nicht der Menge) wird dagegen stets **nur** der Genitiv auf «-а (-я)» verwendet, z. B.: цена табака, сыра, бензина (der Preis des Tabaks …). Dasselbe gilt auch, wenn das Substantiv durch ein Adjektiv **näher erläutert** ist, z. B. стакан крепкого чая (ein Glas starken Tees) usw.

3. Der Genitiv auf «-у (-ю)» tritt auch in einigen **präpositionalen Fügungen** bzw. Wendungen auf, z. B.:

из лесу (aus dem Walde)
из дому (aus dem Hause)
с глазу на глаз (unter vier Augen)
с часу на час (von Stunde zu Stunde)

§ 74   Präpositiv Sg. auf «ý- (-ю́)»

Einige Maskulina, meist einsilbige, haben **nach den Präpositionen** «в» und «на» die stets betonte Endung «-ý (-ю́)» statt «-e», z. B.:

сад	**в** саду́ (im Garten)
лес	в лесу́ (im Walde)
год	в году́ (im Jahre)
порт	в порту́ (im Hafen)
шкаф	**в (на)** шкафу́ (im Schrank, auf dem Schrank)
ýгол	в (на) углу́ (in der Ecke, an der Ecke)
бéрег	на берегу́ (am Ufer)
мост	на мосту́ (auf der Brücke)
Дон	на Дону́ (am Don)
Крым	**в** Крыму́ (auf der Krim) u. a.

§ 75   Maskulina mit Nominativ Pl. auf «á- (я́-)» und «-ья»

Einige Maskulina enden im N. Pl. nicht auf «-ы (-и)», sondern auf «-á, -я́» bzw. «-ья», z. B.:

1. «-á»:

	N. Pl.	G. Pl.	D. Pl.
гóрод (Stadt)	города́	городóв	города́м …
дом (Haus)	дома́	домóв	дома́м …

Ebenso: лес (Wald), пóезд (Zug), сорт (Sorte), бéрег (Ufer), вéчер (Abend) u. a.

2. «-я́»:

учи́тель (Lehrer)	учителя́	учителéй	учителя́м …
край (Land, Reich)	края́	краёв	края́м … u. a.

3. «-ья»:

брат (Bruder)	брáтья	брáтьев	брáтьям …
стул (Stuhl)	стýлья	стýльев	стýльям …
лист (Laubblatt)	ли́стья	ли́стьев	ли́стьям …
друг (Freund)	друзья́	друзéй	друзья́м …
сын (Sohn)	сынóвья	сыновéй	сыновья́м …

Beachten Sie:

Einige Maskulina haben im N. Pl. **Doppelformen mit unterschiedlicher Bedeutung**, z. B.:

цвет	цветы́, -óв … цвета́, -óв …	(Blumen) (Farben)
хлеб	хлéбы, -ов … хлеба́, -óв …	(Brote) (Getreide)
зуб	зýбы, -óв … зýбья, -ьев …	(Zähne eines Lebewesens) (Zähne, Zacken eines Gerätes)

§ 76   Maskulina mit endungslosem Genitiv Pl.

	N. Pl.	G. Pl.	D. Pl.
глаз (Auge)	глаза́	глаз	глаза́м …
чуло́к (Strumpf)	чулки́	чуло́к	чулка́м …
грамм (Gramm)	гра́ммы	грамм, -ов	гра́ммам …
партиза́н (Partisan)	партиза́ны	партиза́н	партиза́нам …
грузи́н (Georgier)	грузи́ны	грузи́н	грузи́нам …
челове́к (Mensch)	лю́ди	людéй, челове́к	лю́дям …

§ 77   Maskulina mit Stammveränderung im Plural

1. Maskulina mit Stammauslaut auf «-анин (-янин)»

	N. Pl.	G. Pl.	D. Pl.
граждани́н (Bürger)	гра́ждане	гра́ждан	гра́жданам …
крестья́нин (Bauer)	кресть́яне	крестья́н	крестья́нам …

Ebenso: англича́нин, киевля́нин u. a.

Beachten Sie aber:

	N. Pl.	G. Pl.	D. Pl.
тата́рин (Tatare)	тата́ры	тата́р	тата́рам …
господи́н (Herr)	господа́	госпо́д	господа́м …
хозя́ин (Wirt)	хозя́ева	хозя́ев	хозя́евам …

2. Einige Maskulina – vorwiegend Bezeichnungen für **junge Lebewesen** – ersetzen im Plural das stammauslautende Suffix des Singular «-онок (-ёнок)» durch «-ат (-ят)»., z. B.:

	N. Pl.	G. Pl.	D. Pl.
ребёнок (Kind)	реб́ята	реб́ят	реб́ятам …

Ebenso: телёнок (Kalb), поросёнок (Ferkel), цыплёнок (Kücken) u. a.

§§ 78–83 Zur Deklination der Neutra

§ 78   Neutra mit hartem Stammauslaut sowie auf «ч-, -щ»

		Sg.	Pl.
N.		сло́во	слов́а
G.		сло́ва	слов
D.		сло́ву	слов́ам
A.		*wie N.*	*wie N.*
I.		сло́вом	слов́ами
P.	(o) сло́ве	слов́ах
	(Wort)		

Beachten Sie:

1. Der **Genitiv Pl.** dieser Neutra ist endungslos.

2. Lautet der Wortstamm auf «-ц» oder einen **Zischlaut** aus, so endet der I. Sg. entweder auf betontes «-óм» oder unbetontes «-ем», z. B.:

лицó   I. Sg. лиц*óм*
сéрдце   I. Sg. сéрдц*ем*

(Vgl. hierzu **§ 4.**)

§ 79   Neutra mit weichem Stammauslaut (außer «-ч, -щ»)

Sg. N.	пóле	ружьё	здáние	врéмя
G.	пóл*я*	ружь*я́*	здáни*я*	врéм*ени*
D.	пóл*ю*	ружь*ю́*	здáни*ю*	врéм*ени*
A.	*wie N.*	*wie N.*	*wie N.*	*wie N.*
I.	пóл*ем*	ружь*ём*	здáни*ем*	врéм*енем*
P.	(о) пóле	ружь*é*	здáни*и*	врéм*ени*
Pl. N.	пол*я́*	рýжь*я*	здáни*я*	врем*енá*
G.	пол*éй*	рýж*ей*	здáн*ий*	врем*ён*
D.	пол*я́м*	рýжь*ям*	здáни*ям*	врем*енáм*
A.	*wie N.*	*wie N.*	*wie N.*	*wie N.*
I.	пол*я́ми*	рýжь*ями*	здáни*ями*	врем*енáми*
P.	(о) пол*я́х*	рýжь*ях*	здáни*ях*	врем*енáх*
	(Feld)	(Gewehr)	. (Gebäude)	(Zeit)

§ 80   Einschub von «о» bzw. «е» im Genitiv Pl. einiger Neutra

	N. Pl.	G. Pl.	D. Pl.
окнó (Fenster)	óкна	ó*кон*	óкнам …
стеклó (Glas)	стёкла	стёкол	стёклам …
письмó (Brief)	пи́сьма	пи́сем	пи́сьмам …
крéсло (Sessel)	крéсла	крé*сел*	крéслам …
числó (Zahl)	чи́сла	чи́сел	чи́слам …
окóшко (Schalter)	окóшки	окóшек	окóшкам
ведрó (Eimer)	вёдра	вёдер	вёдрам …
бревнó (Balken)	брёвна	брёвен	брёвнам … u. a.

§ 81   Neutra mit Nominativ Pl. auf «-и»

	N. Pl.	G. Pl.	D. Pl.
я́блоко (Apfel)	я́блок*и*	я́блок	я́блокам …
плечó (Schulter)	плéч*и*	плеч	плечáм …
колéно (Knie)	колéн*и*	колéней	колéням …
окóшко (Schalter)	окóшки	окóшек	окóшкам …

§ 82   Neutra mit abweichendem Genitiv Pl. auf «-о́в / -ев» und «-ей»:

1. «-о́в»:

	N. Pl.	G. Pl.	D. Pl.
о́блако (Wolke)	облака́	облако́в	облака́м …
очко́ (Punkt im Spiel)	очки́	очко́в	очка́м …

2. «-ев»:

	N. Pl.	G. Pl.	D. Pl.
пла́тье (Kleid)	пла́тья	пла́тьев	пла́тьям …
перо́ (Feder)	пе́рья	пе́рьев	пе́рьям …
де́рево (Baum)	дере́вья	дере́вьев	дере́вьям …
крыло́ (Flügel)	кры́лья	кры́льев	кры́льям …

3. «-ей»:

	N. Pl.	G. Pl.	D. Pl.
по́ле (Feld)	поля́	поле́й	поля́м …
мо́ре (Meer)	моря́	море́й	моря́м …
коле́но (Knie)	коле́ни	коле́ней	коле́ням …

§ 83   **Neutra mit Stammveränderung im Plural**

Eine besondere Gruppe bilden sólche Neutra wie:

	N. Pl.	G. Pl.	D. Pl.
у́хо (Ohr)	у́ши	уше́й	уша́м …
о́ко (Auge)	о́чи	оче́й	оча́м …
су́дно (Schiff)	суда́	судо́в	суда́м …
не́бо (Himmel)	небеса́	небе́с	небеса́м …
чу́до (Wunder)	чудеса́	чуде́с	чудеса́м …

§§ 84–88 Zur Deklination der Feminina

§ 84   **Feminina mit hartem Stammauslaut sowie auf «ч-, -щ»**

	Sg.	Pl.
N.	кварти́ра	кварти́ры
G.	кварти́ры	кварти́р
D.	кварти́ре	кварти́рам
A.	кварти́ру	*wie N.*
I.	кварти́рой	кварти́рами
P.	(о) кварти́ре	кварти́рах
	(Wohnung)	

Beachten Sie auch hier die Rechtschreibung der Endungen nach «г, к, х» sowie «ж, ш, ч, щ» und «ц». (Vgl. **§§ 3–5**.) Beispiele finden Sie auf der nächsten Seite.

Beispiele:

Sg. N.	кни́га	ма́рка	зада́ча	грани́ца
G.	кни́ги	ма́рки	зада́чи	грани́цы
I.	кни́гой	ма́ркой	зада́чей	грани́цей
Pl. N.	кни́ги	ма́рки	зада́чи	грани́цы

§ 85 Feminina mit weichem Stammauslaut (außer «ч-, -щ»)

Sg. N.	неде́ля	статья́	ли́ния	тетра́дь
G.	неде́ли	статьи́	ли́нии	тетра́ди
D.	неде́ле	статье́	ли́нии	тетра́ди
A.	неде́лю	статью́	ли́нию	wie N.
I.	неде́лей	статьёй	ли́нией	тетра́дью
P.	(о) неде́ле	статье́	ли́нии	тетра́ди

Pl. N.	неде́ли	статьи́	ли́нии	тетра́ди
G.	неде́ль	стат е́й	ли́ний	тетра́дей
D.	неде́лям	статья́м	ли́ниям	тетра́дям
A.	wie N.	wie N.	wie N.	wie N.
I.	неде́лями	статья́ми	ли́ниями	тетра́дями
P.	(о) неде́лях	статья́х	ли́ниях	тетра́дях
	(Woche)	(Artikel)	(Linie)	(Heft)

§ 86 Einschub von «о», «ё» bzw. «е» im Genitiv Pl. einiger Feminina

	N. Pl.	G. Pl.	D. Pl.
студе́нтка (Studentin)	студе́нтки	студе́нток	студе́нткам ...
ви́лка (Gabel)	ви́лки	ви́лок	ви́лкам ...
ма́рка (Marke)	ма́рки	ма́рок	ма́ркам ...
блу́зка (Bluse)	блу́зки	блу́зок	блу́зкам ...
ю́бка (Rock)	ю́бки	ю́бок	ю́бкам ...
бу́лка (Brötchen)	бу́лки	бу́лок	бу́лкам
ку́хня (Küche)	ку́хни	ку́хонь	ку́хням ...
земля́ (Erde)	зе́мли	земе́ль	зе́млям ...
де́вушка (Mädchen)	де́вушки	де́вушек	де́вушкам ...
копе́йка (Kopeke)	копе́йки	копе́ек	копе́йкам ...
руба́шка (Hemd)	руба́шки	руба́шек	руба́шкам ...
дере́вня (Dorf)	дере́вни	дереве́нь	деревня́м ...
пе́сня (Lied)	пе́сни	пе́сен	пе́сням ...
чита́льня (Lesesaal)	чита́льни	чита́лен	чита́льням ...
со́тня (Hundert)	со́тни	со́тен	со́тням ... u. a.

§ 87 Flüchtiges «о» bei einigen Feminina auf «-ь»

рожь, ржи, ржи, рожь, ро́жью, ржи (Roggen)
любо́вь, любви́, любви́, любо́вь, любо́вью, любви́ (Liebe) u. a.

§ 88 **Instrumental Pl. auf «-ьми́»**

Einige Feminina auf «-ь» enden im I. Pl. auf «-ьми́» (bzw. auf «-я́ми» oder «-ьми́»), z. B.:

	I. Pl.
ло́щадь (Pferd)	лошад ьми́ (*auch:* лошадя́ми)
дверь (Tür)	дверьми́ (*auch:* дверя́ми)
дочь (Tochter)	дочерьми́

Ebenso: лю́ди – людьми́, де́ти – детьми́.

§§ 89–93 Einige Sonderformen der Deklination

§ 89

		1	2	3	4	5
Sg.	N.	**мать** (f.)	**дочь** (f.)	**путь** (m.)	(челове́к)	(ребёнок)
	G.	ма́т ери	до́ч ери	пут и́		
	D.	ма́т ери	до́ч ери	пут и́		
	A.	мать	дочь	путь		
	I.	ма́т ерью	до́ч ерью	пут ём		
	P.	(о) ма́т ери	до́ч ери	пут и́		
Pl.	N.	ма́т ери	до́ч ери	пут и́	**лю́ди**[1]	**де́ти**[1]
	G.	мат ере́й	доч ере́й	пут е́й	люд е́й[2]	дет е́й
	D.	мат еря́м	доч еря́м	пут я́м	лю́д ям	де́т ям
	A.	*wie G.*	*wie G.*	*wie N.*	*wie G.*	*wie G.*
	I.	мат еря́ми	доч ерьми́	пут я́ми	люд ьми́	дет ьми́
	P.	(о) мат еря́х	доч еря́х	пут я́х	люд я́х	де́т ях
		(Mutter)	(Tochter)	(Weg)	(Mensch)	(Kind)

§ 90 **Deklination russischer Familiennamen auf «-ов, -ёв, -ев, -ын, -ин»**

	m.	f.	Pl.
N.	Петро́в	Петро́в а	Петро́в ы
G.	Петро́в а	Петро́в ой	Петро́в ых
D.	- у	- ой	- ым
A.	*wie G.*	- у	*wie G.*
I.	- ым	- ой	- ыми
P. (о)	- е	- ой	- ых

Ebenso: Фаде́ев, Шо́лохов, Терешко́ва, Ре́пин, Пу́шкин, Андре́ев u. a.

[1] Der Plural wird hier mit anderen Wortstämmen gebildet.
[2] Nach Zahlwörtern wird im G. Pl. «челове́к» gebraucht, z. B.: пять челове́к.

§ 91   **Deklination der mit «пол-» gebildeten Substantive («пол-» + Substantiv im Genitiv)**

N.	полчас а́ (m.)	пол-лимо́на (m.)	полмину́т ы (f.)
G.	полу час а	полулимо́на	полумину́т ы
D.	полу час у	полулимо́ну	полумину́т е
A.	*wie N.*	*wie N.*	полумину́т у
I.	полу час ом	полулимо́ном	полумину́т ой
P.	(о) полу час е	полулимо́не	полумину́т е
	(halbe Stunde)	(halbe Zitrone)	(halbe Minute)

Ebenso: полкилогра́мма, полбуты́лки, пол-я́щика, пол-я́блока, полдня́, полме́сяца, полнеде́ли, пол-Евро́пы, пол-Москвы́ usw.

Anmerkung:

Mit «полу-» gebildete Substantive («полу-» + Nominativ des Substantivs) werden ganz **regelmäßig** dekliniert, wobei «полу-» unverändert bleibt, z. B.:

полуо́стров, полуо́строва, полуо́строву … (Halbinsel)
полуфабрика́т, полуфабрика́та, полуфабрика́ту … (Halbfabrikat) usw.

§ 92   **Einzahl- und Mehrzahlwörter**

Diese Wörter werden entweder nur in der Einzahl oder nur in der Mehrzahl gebraucht und auch dekliniert, z. B.:

Einzahlwörter

мука́, -и́, -е́ … (Mehl)
молоко́, -а́, -у́ … (Milch)
са́хар, -а, -у … (Zucker)
соль, -и, -и … (Salz)
пого́да, -ы, -е … (Wetter)
любо́вь, любви́, любви́ … (Liebe)
социали́зм, -а, -у … (Sozialismus)
u. a.

Mehrzahlwörter

часы́, -о́в, -а́м … (Uhr)
очки́, -о́в, -а́м … (Brille)
брю́ки, брюк, -ам … (Hose)
де́ньги, де́нег, деньга́м … (Geld)
роди́тели, -ей, -ям … (Eltern)
но́жницы, но́жниц, -ам … (Schere)
кле́щи, -ей, -а́м … (Zange)
черни́ла, черни́л, -ам … (Tinte)
u. a.

§ 93   **Substantivierte Adjektive und Partizipien**

Diese werden wie Adjektive und Partizipien **dekliniert**, z. B.:

ру́сский, -ого, -ому … (Russe)
рабо́чий, -его, -ему … (Arbeiter)
слу́жащий, -его, -ему … (Angestellter)
столо́вая, -ой, -ой … (Gaststätte, Speiseraum)
мастерска́я, -о́й, -о́й … (Werkstatt) u. a.

§§ 94–112 Das Adjektiv (Eigenschaftswort)

§§ 94–96 Deklination der Adjektive mit hartem Stammauslaut sowie auf «ч-, -щ»

§ 94

	m.	n.	f.	Pl.
	Sg.			**Pl.**
N.	но́вый (стол)	но́вое (здание)	но́вая (квартира)	но́вые
G.	но́вого (стола́)	но́вого (здания)	но́вой (квартиры)	но́вых
D.	но́вому (столу́)	но́вому (зданию)	но́вой (квартире)	но́вым
A.	*wie N.*	*wie N.*	но́вую (квартиру)	*wie N. oder G.*
I.	но́вым (столо́м)	но́вым (зданием)	но́вой (квартирой)	но́выми
P.	(о) но́вом (столе́)	но́вом (здании)	но́вой (квартире)	но́вых
	(neuer Tisch)	(neues Gebäude)	(neue Wohnung)	

§ 95   Lautet der Adjektivstamm auf «-г, -к, -х, -ж, -ш, -ч, -щ» aus, so sind die Rechtschreibregeln der **§§ 3–5** zu beachten:

Adjektivstamm auf «-г, -к, -х»		*Adjektivstamm auf* «-ж, -ш, -ч, -щ»		*Pl. in beiden Fällen*
высо́кий,	-ое, -ая	хоро́ший,	-ее, -ая	-ие
-ого	-ой	-его	-ей	-их
-ому	-ой	-ему	-ей	-им
wie N. od. G. -ое, -ую		*wie N. od. G.* -ее, -ую		*wie N. od. G.*
-им	-ой	-им	-ей	-ими
-ом	-ой	-ем	-ей	-их

§ 96   Die maskuline Form einiger Adjektive endet nicht auf «-ый», sondern auf **betontes «-ой»**, z. B.: прост**о́**й, молодо́й, передово́й, дорого́й, большо́й u. a. Dekliniert werden diese Adjektive ganz regelmäßig wie «но́вый». Lautet der Stamm dieser endbetonten Adjektive auf «-г, -к, -х, -ж, -ш, -ч, -щ» aus, so sind auch hier wieder die Rechtschreibregeln der **§§ 3–5** zu beachten:

Adjektivstamm auf «-г, -к, -х»		*Adjektivstamm auf* «-ж, -ш, -ч, -щ»		*Pl. in beiden Fällen*
дорого́й,	-о́е, -а́я	большо́й,	-о́е, -а́я	-и́е
-о́го	-о́й	-о́го	-о́й	-и́х
-о́му	-о́й	-о́му	-о́й	-и́м
wie N. od. G. -о́е, -у́ю		*wie N. od. G.* -о́е, -у́ю		*wie N. od. G.*
-и́м	-о́й	-и́м	-о́й	-и́ми
-о́м	-о́й	-о́м	-о́й	-и́х

§ 97 Deklination der Adjektive mit weichem Stammauslaut (außer «-ч, -щ»)

	Sg.			Pl.
	m.	n.	f.	
N.	ле́тний (костюм)	ле́тнее (платье)	ле́тняя (блузка)	ле́тние
G.	ле́тнего (костюма)	ле́тнего (платья)	ле́тней (блузки)	ле́тних
D.	ле́тнему (костюму)	ле́тнему (платью)	ле́тней (блузке)	ле́тним
A.	*wie N.*	*wie N.*	ле́тнюю (блузку)	*wie N. od. G.*
I.	ле́тним (костюмом)	ле́тним (платьем)	ле́тней (блузкой)	ле́тними
P.	(о) ле́тнем (костюме) (Sommeranzug)	ле́тнем (платье) (Sommerkleid)	ле́тней (блузке) (Sommerbluse)	ле́тних

Anmerkungen:

1. Bezieht sich das Adjektiv auf ein männliches Substantiv, das ein **Lebewesen** bezeichnet, so entspricht die Endung des A. Sg. der des G. Sg. (Vgl. hierzu **§ 64**). Im Pl. gilt das für alle Geschlechter.

2. Neben den weiblichen Endungen «-ой» und «-ей» im I. Sg. treten im gehobenen Stil, besonders in der Poesie, gelegentlich auch die Endungen «-ою» und «-ею» auf.

3. Die Genitivendungen «-oгo» und «-eгo» sind immer wie «[-owo]» und «[-ewo]» auszusprechen (vgl. **§ 1, Sonderfälle**).

§§ 98–99 Bildung und Gebrauch der Kurzform des Adjektivs

§ 98   Neben der Langform des Adjektivs, die sowohl attributiv als auch prädikativ gebraucht wird, besitzt das Russische noch eine Kurzform des Adjektivs, die nur **prädikativ** (als Satzaussage) verwendet und **nicht dekliniert** wird; z. B.:

Э́та карти́на о́чень краси́ва.   Dieses Bild ist sehr schön.
(*neben:* краси́вая).

Gebildet wird die Kurzform von qualitativen Adjektiven mit hartem Stammauslaut, indem bei der männlichen Form die Endung der Langform weggelassen wird, bei der weiblichen Form «-a» und bei der sächlichen Form «-o» an den Adjektivstamm gefügt werden, z. B.:

Langform	Kurzform			
		Sg.		Pl.
	m.	n.	f.	
краси́вый (schön)	краси́в	краси́во	краси́ва	краси́вы
гото́вый (fertig)	гото́в	гото́во	гото́ва	гото́вы

Langform	Kurzform			
		Sg.		Pl.
	m.	n.	f.	
хоро́ший (gut)	хоро́ш	хорошо́	хороша́	хороши́
но́вый (neu)	нов	но́во	нова́	но́вы
плохо́й (schlecht)	плох	пло́хо	плоха́	пло́хи

Ebenso wird die Kurzform von «како́й (**како́в**, -á, -ó; -ы́)» und «тако́й (**тако́в**, -á, -ó; -ы́)» gebildet.

§ 99   Nicht alle qualitativen Adjektive bilden eine Kurzform, und Adjektive mit den Suffixen «**-ск-**» und «**-ов-**» (крити́ческий – kritisch, передово́й – fortschrittlich u. a.) bilden grundsätzlich **keine** Kurzform.

§ 100 Einschub der Vokale «-o» bzw. «-e» bei einigen Kurzformen

Lautet der Adjektivstamm auf **zwei Konsonanten** aus, so wird zwischen diese bei der männlichen Kurzform «-o-» oder «-e-» eingefügt, und zwar «**-o-**» vor «**к**», wenn davor ein harter Konsonant steht:

ни́зкий (niedrig)   ни́зок (низка́, ни́зко; ни́зки́)
коро́ткий (kurz)   ко́роток (коротка́, ко́ротко; коро́тки́)
бли́зкий (nahe)   бли́зок (близка́, бли́зко; бли́зки́)
у́зкий (schmal)   у́зок (узка́, у́зко; у́зки́)   u. a.

«**-e-**», betont «**-ё-**», in allen anderen Fällen:

больно́й (krank)   бо́лен (больна́; больны́)
ва́жный (wichtig)   ва́жен (важна́, ва́жно; ва́жны́)
холо́дный (kalt)   хо́лоден (холодна́, хо́лодно; холодны́)
дли́нный (lang)   дли́нен (длинна́, дли́нно́; дли́нны́)   u. a.

Anmerkungen:

1. Bei leicht aussprechbaren Konsonantenverbindungen erfolgt **kein** «o/e»-Einschub, z. B.:

то́лстый (dick)   толст (толста́; то́лсты́)
го́рдый (stolz)   горд (горда́, го́рдо; го́рды́)

2. Kurzformen von Adjektiven, die **Ausmaße** bezeichnen, haben auch die Bedeutung «zu klein», «zu breit» usw., z. B.:

Костю́м ему́ мал.   Der Anzug ist ihm zu klein.

§ 101   Zur Betonung der Kurzform

1. Bei zweisilbigen Adjektiven ohne «o/e»-Einschub sowie bei mehr als zweisilbigen Adjektiven ist die Betonung in der Regel bei allen drei Geschlechtern und im Plural **konstant** (wie bei der Langform):

гото́вый (bereit) – гото́в, -а, -о, -ы; приле́жный (fleißig) – приле́жен, -жна, -о, -ы; знамени́тый (berühmt) – знамени́т, -а, -о, -ы; прия́тный (angenehm) – прия́тен, -тна, -о, -ы usw.

Abweichend von dieser Regel sind die weibliche und sächliche Form sowie der Pl. endbetont bei: хоро́ший (gut) – хоро́ш, **-а́, -о́, -и́**; высо́кий (hoch) – высо́к, -а́, -о́, -и́; глубо́кий (tief) – глубо́к, -а́, -о́, -и́; тяжёлый (schwer) – тяжёл, тяжела́, -о́, -ы́ u. a.

2. Bei einsilbigen Adjektiven, bei zweisilbigen mit «o/e»-Einschub sowie mehrsilbigen mit der Lautfolge «-оро- / -оло-» ist die Betonung **nicht konstant** bei allen drei Geschlechtern;

a) nur die **weibliche** Kurzform ist endbetont:

плохо́й (schlecht)	плох, плоха́, пло́хо; пло́хи
чи́стый (sauber)	чист, чиста́, чи́сто; чи́сты
бы́стрый (schnell)	быстр, быстра́, бы́стро; бы́стры
сла́дкий (süß)	сла́док, сладка́, сла́дко; сла́дки
молодо́й (jung)	мо́лод, молода́, мо́лодо; мо́лоды
холо́дный (kalt)	хо́лоден, холодна́, хо́лодно; хо́лодны u. a.

b) nur die **männliche** Kurzform ist stammbetont:

больно́й (krank)	бо́лен, больна́; больны́
чёрный (schwarz)	чёрен, черна́, черно́; черны́
тёмный (dunkel)	тёмен, темна́, темно́; темны́ u. a.

c) Stamm- oder Endbetonung ist möglich:

бе́лый (weiß)	бел, бела́, бе́ло́; бе́лы́
до́брый (gut)	добр, добра́, добро́; до́бры́
ста́рый (alt)	стар, стара́, ста́ро; ста́ры́
си́льный (stark)	си́лен (силён), сильна́, си́льно; си́льны́ u. a.

§ 102 Die Komparation (Steigerung) des Adjektivs im Überblick

Grundstufe (Positiv)	Komparativ 1. Zusammengesetzte Form (mit attributiver und prädikativer Funktion)	2. Suffigierte Form (nur mit prädikativer Funktion)	Superlativ 1. Zusammengesetzte und suffigierte Formen (mit attributiver und prädikativer Funktion)	2. Zusammengesetzte Form (nur mit prädikativer Funktion)
красивый (schön) скорый (schnell) старый (alt) короткий (kurz)	более (менее) { красивый, -ое, -ая; -ые скорый, -ое, -ая; -ые старый, -ое, -ая; -ые короткий, -ое, -ая; -ие	красивее скорее старше короче	a) самый, -ое, -ая; -ые (наиболее) { красивый, -ое, -ая; -ые скорый, -ое, -ая; -ые старый, -ое, -ая; -ые короткий, -ое, -ая; -ие b) красивейший, -ее, -ая; -ие скорейший, -ее, -ая; -ие старейший, -ее, -ая; -ие кратчайший, -ее, -ая; -ие	красивее скорее старше короче } всего / всех

Anmerkungen:

1. Die mit «более» + Grundstufe **zusammengesetzte** Komparativform kann **von allen** qualitativen Adjektiven (außer «большой») gebildet werden. Ebenso kann man von allen qualitativen Adjektiven die zusammengesetzte Superlativform mit «самый» oder «наиболее» bilden.

2. Dagegen können die **suffigierten** Komparativ- und Superlativformen **nicht von allen** Adjektiven gebildet werden.

§§ 103–106 Bildung und Gebrauch des Komparativs (Mehrstufe)

§ 103   Der Komparativ wird entweder durch Umschreibung mit dem unveränderlichen Adverb «бо́лее» + Grundstufe des Adjektivs[1] oder durch Anfügen des Suffixes «-ee» (verkürzt «-ей») an den Adjektivstamm gebildet, z. B.:

1. Komparativbildung durch Umschreibung mit «бо́лее»:

Это бо́лее ва́жный вопро́с.	Das ist eine wichtigere Frage.
Этот вопро́с бо́лее ва́жный.	Diese Frage ist wichtiger.
Я занима́юсь бо́лее интере́сными вопро́сами.	Ich befasse mich mit interessanteren Fragen.
Ни́на прочита́ла бо́лее интере́сную статью́, чем мы.	Nina hat einen interessanteren Artikel gelesen als wir.
Бори́с живёт в бо́лее ста́ром до́ме, чем я.	Boris wohnt in einem älteren Haus als ich.

2. Komparativbildung mit dem Suffix «-ee / (-ей)»:

Этот вопро́с важне́е.	Diese Frage ist wichtiger.
Э́та статья́ интере́снее, чем та.	Dieser Artikel ist interessanter als jener.
Ни́на чита́ет быстре́е, чем Бори́с (oder: быстре́е Бори́са).	Nina liest schneller als Boris.
Кто перево́дит быстре́е Ива́на (oder: быстре́е, чем Ива́н)?	Wer übersetzt schneller als Iwan?

Während die mit «бо́лее» zusammengesetzte Komparativform von allen qualitativen Adjektiven (außer «большо́й») gebildet werden kann und sowohl attributiv als auch prädikativ gebraucht wird, tritt die Komparativform mit «-ee / (-ей)» **nur prädikativ** auf und kann auch nicht von allen Adjektiven gebildet werden.

Der **Vergleich** im Komparativ wird **mit «чем** (als)» + Vergleichswort im Nominativ oder **ohne «чем»** mit dem Vergleichswort im Genitiv gebildet. Vor «чем» wird in diesem Falle stets ein **Komma** gesetzt:

Мы перево́дим быстре́е, чем Андре́й. }	Wir übersetzen schneller **als** Andrej.
Мы перево́дим быстре́е Андре́я. }	

§ 104   Um ein geringeres bzw. **reduziertes Maß** einer Eigenschaft auszudrücken, wird das Adverb «ме́нее» + Grundstufe des Adjektivs verwendet, z. B.:

Это ме́нее ва́жный вопро́с.	Das ist eine weniger wichtige Frage.
Этот вопро́с ме́нее ва́жный.	Diese Frage ist weniger wichtig.

§ 105   Einige Adjektive bilden den Komparativ mit den Suffixen «-e» (mit Konsonantenwechsel im Stammauslaut), «-ше» bzw. «-ш(-ий, -ая, -ee)»:

1. Lautet der Adjektivstamm auf «-г, -к, -х, -з, -с, -д, -т» bzw. «-ст» aus, so wird die prädikative Komparativform nur mit dem Suffix **«-e»** gebildet, wobei im Stammauslaut der übliche **Konsonantenwechsel** eintritt (vgl. §§ 32–36).

---

[1] Auch die Kurzform kann hier auftreten, z. B. «бо́лее ва́жен» neben «бо́лее ва́жный».

Beispiele:

г ⎫			
д ⎬ → **ж**	дорого́й (teuer)	доро́же	
з ⎭	молодо́й (jung)	моло́же	
	ни́зкий (niedrig)	ни́же	
		(«-к-» fällt aus!)	

к ⎫ → **ч**	лёгкий (leicht)	лёг**че**
т ⎭	гро́мкий (laut)	гро́мче
	коро́ткий (kurz)	коро́че
		(«-к-» fällt aus!)

х ⎫ → **ш**	ти́хий (still)	ти́**ше**
с ⎭	высо́кий (hoch)	вы́ше
		(«-ок-» fällt aus!)

ст → **щ**	чи́стый (sauber)	чи́**ше**
	просто́й (einfach)	про́ще

2. Einige Adjektive bilden die prädikative Komparativform mit **«-ше»**, z. B.:

большо́й (groß)	бо́ль**ше** (**«бо́лее»** nur Adverb)
далёкий (fern, weit)	да́льше («да́лее» nur Adverb)
ста́рый (alt)	ста́рше
то́нкий (dünn)	то́ньше

3. Unregelmäßig gebildet wird der prädikative Komparativ von:

плохо́й (schlecht)	ху́же
хоро́ший (gut)	лу́чше
глубо́кий (tief)	глу́б**же**
ма́ленький (ма́лый) (klein)	ме́ньше («ме́нее» nur Adverb)

4. Einige Adjektive haben neben der umschreibenden Form mit «бо́лее» eine besondere **attributive** Komparativform auf **«-ш(-ий, -ая, -ее)»**, z. B.:

ста́рый	–	ста́р**ший**		хоро́ший	–	лу́чший
молодо́й	–	мла́дший		плохо́й	–	ху́дший
высо́кий	–	вы́сший		большо́й	–	бо́льший
ни́зкий	–	ни́зший		ма́ленький (ма́лый)	–	ме́ньший

Während «бо́льший» und «ме́ньший» nur als Komparativ gebraucht werden, treten die anderen auch als **Superlativ** auf. Im Superlativ können diese Formen jedoch auch mit «са́мый» oder mit dem Präfix «наи-» stehen, z. B.: «са́мый лу́чший» oder «наилу́чший». Vgl. hierzu **§ 110.**

§ 106   Verstärkung und Abschwächung des Komparativs

1. Verstärkt wird der Komparativ durch die Adverbien «ещё, гора́здо, намно́го, значи́-тельно» u. a., z. B.:

ещё быстре́е	noch schneller
гора́здо лу́чше	weitaus (bei weitem) besser
намно́го ху́же	weitaus (um vieles) schlechter
значи́тельно интере́снее	bedeutend interessanter

2. Abgeschwächt wird der Komparativ durch die Adverbien «немно́го, не́сколько» bzw. das Präfix «по-», z. B.:

немно́го ме́ньше	etwas weniger
не́сколько вы́ше	etwas (ein wenig) höher
поме́ньше, повы́ше	etwas weniger, etwas höher
побыстре́е	etwas schneller

Anmerkung:

«Как мо́жно», «возмо́жно», «по возмо́жности» (möglichst) werden im Russischen abweichend vom Deutschen mit dem **Komparativ** verbunden, z. B.:

Отве́тьте мне как мо́жно скоре́е	Antworten Sie mir möglichst bald (schnell).

§§107–109 Bildung und Gebrauch des Superlativs (Meiststufe)

§ 107   Der Superlativ wird entweder durch Umschreibung mit «са́мый (-ая, -ое)» bzw. dem unveränderlichen Adverb «наибо́лее» + **Grundstufe** des Adjektivs oder durch Anfügen der Suffixe «-ейш(-ий, -ая, -ее)») – nach «г, к, х» als «-айш(-ий, -ая, -ее)» mit Konsonantenwechsel – an den Adjektivstamm[1] gebildet. Dekliniert werden die Superlativformen mit «са́мый» und die suffigierten Formen wie Adjektive. Sie treten sowohl in attributiver als auch in prädikativer Stellung auf.

Beispiele:

1.

Во́лга – са́мая дли́нная река́ Евро́пы.	Die Wolga ist der längste Fluss Europas.
Я занима́юсь са́мыми интере́сными вопро́сами в э́той о́бласти.	Ich befasse mich mit den interessantesten Fragen auf diesem Gebiet.
Мы разгова́ривали о са́мой ско́рой маши́не.	Wir unterhielten uns über das schnellste Auto.
Э́то наибо́лее ва́жный вопро́с.	Das ist die wichtigste Frage.

2.

Во́лга – длинне́йшая река́ Евро́пы.	Die Wolga ist der längste Fluss Europas.
Мы бы́ли на крупне́йшем заво́де го́рода Москвы́.	Wir waren im größten Werk der Stadt Moskau.
В высоча́йшем зда́нии го́рода университе́т.	Im höchsten Gebäude der Stadt ist die Universität.
Э́тот рестора́н ближа́йший.	Das ist das nächste Restaurant.

§ 108   **Nur prädikativ** gebraucht wird die Superlativform mit nachgestelltem «всего́» oder «всех». Diese zusammengesetzte Superlativform bildet man aus dem **Komparativ auf** «-ee / -e» + «всего́ (als alles andere)» bzw. «всех (als alle anderen)»:

Э́то краси́вее всего́.	Das ist am schönsten (schöner als alles andere).
Клаус у́чится лу́чше всех.	Klaus lernt am besten (besser als alle anderen).

---

[1] Die suffigierten Formen treten auch in der Bedeutung des **Elativs** auf (z. B. «ganz besonders schnell, sehr schön, außerordentlich freundlich» usw.).

§ 109 Verstärkung des Superlativs

Die mit den Suffixen «-ейш- / -айш-» gebildeten Superlativformen können durch «са́мый» oder durch die Vorsilbe «наи-» noch verstärkt werden, z. B.:

са́мый сложне́йший вопро́с	die allerschwierigste Frage
са́мый крупне́йший заво́д	das allergrößte Werk
наивысоча́йшее зда́ние	das allerhöchste Gebäude

Ebenso:

са́мый лу́чший, наилу́чший	der allerbeste

(Vgl. hierzu § 110.)

§ 110 Überblick über die wichtigsten unregelmäßig gesteigerten Adjektive

Die mit «бо́лее» und «са́мый» + Grundstufe des Adjektivs zusammengesetzten Formen, die von allen qualitativen Adjektiven regelmäßig gebildet werden können, bleiben hier unberücksichtigt.

Grundstufe	Komparativ	Superlativ
1. большо́й (groß)	бо́льше (бо́льший) бо́лее Adv.	наибо́льший
2. вели́кий (groß, erhaben)	(бо́льше)	велича́йший
3. ма́ленький (малый) (klein)	ме́ньше (ме́ньший) ме́нее Adv.	наиме́ньший, мале́йший
4. высо́кий (hoch)	вы́ше (вы́сший)	высоча́йший вы́сший, наивы́сший
5. ни́зкий (niedrig)	ни́же (ни́зший)	ни́зший (нижа́йший)
6. хоро́ший (gut)	лу́чше (лу́чший)	лу́чший, наилу́чший (са́мый лу́чший)
7. плохо́й (schlecht)	ху́же (ху́дший)	ху́дший, наиху́дший
8. ста́рый (alt)	ста́рше (ста́рший)	старе́йший ста́рший (наиста́рший) (са́мый ста́рший)
9. молодо́й (jung)	моло́же (мла́дший)	мла́дший (са́мый мла́дший)
10. глубо́кий (tief)	глу́бже	глубоча́йший
11. го́рький (bitter)	го́рче	горча́йший
12. лёгкий (leicht)	ле́гче	легча́йший
13. коро́ткий (kurz)	коро́че	кратча́йший
14. гро́мкий (laut)	гро́мче	(громча́йший)
15. далёкий (weit, fern)	да́льше да́лее Adv.	–
16. сухо́й (trocken)	су́ше	–
17. ти́хий (still)	ти́ше	(тиша́йший)
18. то́нкий (dünn)	то́ньше	тонча́йший
19. то́лстый (dick)	то́лще	толсте́йший

20. **чи́стый** (rein)	чи́ще	чисте́йший
21. **сла́дкий** (süß)	сла́ще	(сладча́йший)
22. **широ́кий** (breit)	ши́ре	широча́йший
23. **дешёвый** (billig)	дешё́вле	(дешеве́йший)
24. **дорого́й** (teuer)	доро́же	(дража́йший)
25. **твёрдый** (fest)	твёрже	тверде́йший
26. **у́зкий** (eng)	у́же	

§ 111 Zur Betonung der Komparativ- und Superlativformen

1. Die Betonung der Komparativformen auf «**-ee(-ей)**» stimmt in der Regel mit der Betonung der **weiblichen Kurzform** des Adjektivs überein, z. B.:

но́вый (neu)   краси́вый (schön)
нова́ – нове́е   краси́ва – краси́вее

2. Während das Suffix «**-айш-**» bei der Superlativform **stets betont** ist (высо́кий – высоча́йший), ist das Suffix «**-ейш-**» in der Regel nur dann betont, wenn die entsprechende prädikative Komparativform auf betontes «**-ée / (-éй)**» gebildet wird, z. B.:

ва́жный (wichtig)   *aber:*
важне́е – важне́йший   интере́сный (interessant)
но́вый (neu)   интере́снее – интере́снейший
нове́е – нове́йший

§ 112 Adjektive auf «-ий, -ья, -ье; -ьи» (Gattungsadjektive)

Diese Adjektive weisen auf die Zugehörigkeit zu einer **Person** oder zu einem **Tier** hin, z. B.:

охо́тник (Jäger)   охо́тничий дом, охо́тничье ружьё   usw.

Ebenso:
пти́ца (Vogel)   пти́чий, -ья, -ье; -ьи
коро́ва (Kuh)   коро́вий, -ья, -ье; -ьи   u. a.

Dekliniert werden diese Adjektive wie die Ordnungszahl «тре́тий» (s. **§ 130**).

§§ 113-134 Das Numerale (Zahlwort)

§ 113   Grund- und Ordnungszahlwörter 1–20

Grundzahl		Ordnungszahl	
0 ноль, -я́ (auch: нуль)	(мест)	0. нулево́й	
1 оди́н m. одно́ n. одна́ f.	(стол) (ме́сто) (ка́рта)	1. пе́рвый, -ая, -ое; -ые	
2 два́ m./n. две f.	(стола́) (ме́ста) (ка́рты)	2. второ́й, -а́я, -о́е; -ы́е	
3 три	(стола́, ме́ста, ка́рты)	3. тре́тий, -ья, -ье; -ьи	
4 четы́ре		4. четвёртый, -ая, -ое; -ые	
5 пять		5. пя́тый, -ая, -ое; -ые	
6 шесть		6. шест о́й, -а́я, -о́е; -ы́е	(стол,
7 семь		7. седьмо́й, -а́я, -о́е; -ы́е	ме́сто,
8 во́семь		8. восьмо́й, -а́я, -о́е; -ы́е	ка́рта)
9 де́вять		9. девя́тый, -ая, -ое; -ые	
10 де́сять		10. деся́тый, -ая, -ое; -ые	
11 оди́ннадцать	(столо́в, мест, карт)	11. оди́ннадцатый, -ая, -ое; -ые	
12 двена́дцать		12. двена́дцатый, -ая, -ое; -ые	
13 трина́дцать		13. трина́дцатый, -ая, -ое; ые	
14 четы́рнадцать		14. четы́рнадцатый, -ая, -ое; -ые	
15 пятна́дцать		15. пятна́дцатый, -ая, -ое; -ые	
16 шестна́дцать		16. шестна́дцатый, -ая, -ое; -ые	
17 семна́дцать		17. семна́дцатый, -ая, -ое; -ые	
18 восемна́дцать		18. восемна́дцатый, -ая, -ое; -ые	
19 девятна́дцать		19. девятна́дцатый, -ая, -ое; -ые	
20 два́дцать		20. двадца́тый, -ая, -ое; -ые	

§ 114   Grund- und Ordnungszahlwörter 21–100

Grundzahl		Ordnungszahl	
21 два́дцать оди́н два́дцать одно́ два́дцать одна́	(стол) (ме́сто) (ка́рта)	21. два́дцать пе́рвый два́дцать пе́рвое два́дцать пе́рвая	
22 два́дцать два два́дцать две	(стола́, ме́ста) (ка́рты)	22. два́дцать второ́й два́дцать второ́е два́дцать втора́я	(стол, ме́сто, ка́рта)
23 два́дцать три	(стола́, ме́ста, ка́рты)	23. два́дцать тре́тий два́дцать тре́тье два́дцать тре́тья	
24 два́дцать четы́ре		24. два́дцать четвёртый	

Grundzahl		Ordnungszahl	
25 два́дцать пять		25. два́дцать пя́тый	
26 два́дцать шесть		26. два́дцать шесто́й	
30 три́дцать		30. тридца́тый	
40 со́рок	(столо́в,	40. сороково́й	
50 пятьдеся́т	мест,	50. пятидеся́тый	
60 шестьдеся́т	ка́рт)	60. шестидеся́тый	(стол, ме́сто, ка́рта)
70 се́мьдесят		70. семидеся́тый	
80 во́семьдесят		80. восьмидеся́тый	
90 девяно́сто		90. девяно́стый	
100 сто		100. со́тый	

§ 115 Grund- und Ordnungszahlwörter 101–Milliarde

Grundzahl		Ordnungszahl	
101 сто оди́н		101. сто пе́рвый	
102 сто два	(s. 21–24)	102. сто второ́й	
103 сто три		103. сто тре́тий	
104 сто четы́ре		104. сто четвёртый	
105 сто пять	(s. 25)	105. сто пя́тый	
141 сто со́рок оди́н	(s. 21)	141. сто со́рок пе́рвый	
182 сто во́семьдесят два	(s. 22)	182. сто во́семьдесят второ́й	
200 две́сти		200. двухсо́тый	
300 три́ста		300. трёхсо́тый	
400 четы́реста		400. четырёхсо́тый	
500 пятьсо́т		500. пятисо́тый	
600 шестьсо́т	(s. 25)	600. шестисо́тый	(s. 1–20)
700 семьсо́т		700. семисо́тый	
900 девятьсо́т		900. девятисо́тый	
1000 ты́сяча		1000. ты́сячный	
1561 ты́сяча пятьсо́т шестьдеся́т оди́н (одно́, одна́)	(s. 21)	1561. ты́сяча пятьсо́т шестьдеся́т пе́рвый	
1897 ты́сяча восемьсо́т девяно́сто семь	(s. 25)	1897. ты́сяча восемьсо́т девяно́сто седьмо́й	
2000 две ты́сячи		2000. двухты́сячный	
5000 пять ты́сяч		5000. пятиты́сячный	
Mil-lion миллио́н	(s. 25)	Mil-lion-ster миллио́нный	
Mil-li-arde миллиа́рд		Mil-liard-ster миллиа́рдный	

§§ 116–124 Zur Deklination der Grundzahlwörter

§ 116 Deklination und Gebrauch des Grundzahlwortes «оди́н»

	Sg. m.	n.	f.	Pl.
N.	оди́н (студе́нт)	одно́ (ме́сто)	одна́ (газе́та)	одни́ (часы́)
G.	одного́ (студе́нта)	одного́ (ме́ста)	одно́й (газе́ты)	одни́х (часо́в)
D.	одному́ (студе́нту)	одному́ (ме́сту)	одно́й (газе́те)	одни́м (часа́м)
A.	одного́ (студе́нта)	одно́ (ме́сто)	одну́ (газе́ту)	одни́ (часы́)
I.	одни́м (студе́нтом)	одни́м (ме́стом)	одно́й (газе́той)	одни́ми (часа́ми)
P.	(об) одно́м (студе́нте)	одно́м (ме́сте)	одно́й (газе́те)	одни́х (часа́х)
	(ein Student)	(ein Platz)	(eine Zeitung)	(eine Uhr)

Anmerkungen:

1. Bezieht sich «оди́н» auf ein **Lebewesen**, so ist der A. gleich dem G.

2. «Оди́н», das adjektivisch dekliniert wird, tritt auch in einer Reihe von **Nebenbedeutungen** auf, z. B.:

Оди́н он уча́ствовал в заседа́нии.	Nur er nahm an der Sitzung teil.
Я пошёл туда́ оди́н.	Ich ging allein dorthin.

3. «Одни́» hat nur bei Mehrzahlwörtern Zahlwortbedeutung (z. B.: одни́ часы́ – eine Uhr). Ansonsten tritt es nur in den Nebenbedeutungen auf, z. B.:

В аудито́рии бы́ли одни́ студе́нты.	Im Hörsaal waren nur Studenten.
Одни́ рабо́тали хорошо́, а други́е пло́хо.	Die einen arbeiteten gut, die anderen aber schlecht.
Мы одни́ здесь.	Wir sind allein hier.

§ 117 Deklination der Grundzahlwörter «два (две f.)», «три» und «четы́ре»

				Rektion der abhängigen Wörter
N.	два m./n. две f.	три	четы́ре	(но́вых мото́ра, ме́ста m./n., но́вые / но́вых кварти́ры f.)
G.	двух	трёх	четырёх	(но́вых мото́ров, мест, кварти́р)
D.	двум	трём	четырём	(но́вым мото́рам, места́м, кварти́рам)
A.	*bei Lebewesen wie G., sonst wie N.*			
I.	двумя́	тремя́	четырьмя́	(но́выми мото́рами, места́ми, кварти́рами)
P.	(о) двух	трёх	четырёх	(но́вых мото́рах, места́х, кварти́рах)
	(2)	(3)	(4)	(neue Motoren, Plätze, Wohnungen)

§ 118   Deklination der Grundzahlwörter 5–20 und 30

					Rektion der ab- hängigen Wörter
N.	пять	во́семь	пятна́дцать	два́дцать	(но́вых мото́ров, мест, книг)
G.	пяти́	восьми́	пятна́дцати	двадцати́	(но́вых мото́ров, мест, книг)
D.	пяти́	восьми́	пятна́дцати	двадцати́	(но́вым мото́рам, места́м, кни́гам)
A.	пять	во́семь	пятна́дцать	два́дцать	(но́вых мото́ров, мест, книг)
I.	пятью́	восемью́ (восьмью́)	пятна́дцатью	двадцатью́	(но́выми мото́рами, места́ми, кни́гами)
P.	(о) пяти́	восьми́	пятна́дцати	двадцати́	(но́вых мото́рах, места́х, кни́гах)
	(5)	(8)	(15)	(20)	(neue Motoren, Plätze, Bücher)

Anmerkungen:

1. Die Grundzahlwörter 5–20 und 30 werden wie weibliche Substantive auf «-ь» **dekliniert.** (Vgl. **§ 85**.)

2. Bei der Deklination des Grundzahlwortes «**во́семь**» ist in einigen Fällen das flüchtige «**e**» zu beachten.

3. Während die Grundzahlwörter **11–19** auch in den deklinierten Fällen s t a m m betont bleiben, sind die Grundzahlwörter **5–10** sowie **20** und **30** in den deklinierten Fällen (außer im A.) e n d betont.

§ 119   Deklination der Grundzahlwörter 50, 60, 70, 80

N.	пятьдеся́т	шестьдеся́т	се́мьдесят	во́семьдесят
G.	пяти́десяти	шести́десяти	семи́десяти	восьми́десяти
D.	пяти́десяти	шести́десяти	семи́десяти	восьми́десяти
A.	пятьдеся́т	шестьдеся́т	се́мьдесят	во́семьдесят
I.	пятью́десятью	шестью́десятью	семью́десятью	восьмью́десятью (восемью́десятью)
P.	(о) пяти́десяти	шести́десяти	семи́десяти	восьми́десяти
	(50)	(60)	(70)	(80)

Anmerkungen:

1. **Beide Glieder** (Einer und Zehner) dieser Grundzahlwörter werden wie weibliche Substantive auf «-ь» **dekliniert.** (Vgl. **§ 85**.)

2. **Betont** wird in den deklinierten Fällen (außer dem A.) jeweils die Endung des e r s t e n Gliedes (Einer).

3. Bei «**во́семьдесят**» ist auf das flüchtige «**e**» zu achten. (Vgl. hierzu auch **§ 118, Anm. 2.**)

§ 120 Deklination der Grundzahlwörter 40, 90, 100

				Rektion der abhängigen Wörter
N.	со́рок	девяно́сто	сто	(но́вых автомоби́лей)
G.	сорока́	девяно́ста	ста	(но́вых автомоби́лей)
D.	сорока́	девяно́ста	ста	(но́вым автомоби́лям)
A.	со́рок	девяно́сто	сто	(но́вых автомоби́лей)
I.	сорока́	девяно́ста	ста	(но́выми автомоби́лями)
P.	(о) сорока́	девяно́ста	ста	(но́вых автомоби́лях)
	(40)	(90)	(100)	(neue Autos)

§ 121 Deklination der Grundzahlwörter 200, 300, 400

N.	две́сти	три́ста	четы́реста
G.	двухсо́т	трёхсо́т	четырёхсо́т
D.	двумста́м	трёмста́м	четырёмста́м
A.	две́сти	три́ста	четы́реста
I.	двумяста́ми	тремяста́ми	четырьмяста́ми
P.	(о) двухста́х	трёхста́х	четырёхста́х
	(200)	(300)	(400)

§ 122 Deklination der Grundzahlwörter 500, 600, 700, 800, 900

N.	пятьсо́т	шестьсо́т	семьсо́т	восемьсо́т	девятьсо́т
G.	пятисо́т	(600)	(700)	(800)	(900)
D.	пятиста́м				
A.	пятьсо́т		werden wie 500 dekliniert		
I.	пятьюста́ми				
P.	(о) пятиста́х (500)				

Anmerkung:

Bei der Deklination von «**восемьсо́т**» ist auf das flüchtige «**e**» zu achten. (Vgl. §§ **118/119**.)

§ 123 Deklination der Grundzahlwörter 1000, Million, Milliarde

	Sg.	Pl.	Sg.	Pl.	Sg.	Pl.	Rektion der abhängigen Wörter
N.	ты́сяча	-и	миллио́н	-ы	миллиа́рд	-ы	рубле́й,
G.	ты́сячи	--	миллио́на	-ов	миллиа́рда	-ов	ма́рок,
D.	ты́сяче	-ам	миллио́ну	-ам	миллиа́рду	-ам	газе́т
A.	ты́сячу	-и	миллио́н	-ы	миллиа́рд	-ы	(Rubel,
I.	ты́сячей	-ами	миллио́ном	-ами	миллиа́рдом	-ами	Mark,
P.	(о) ты́сяче	-ах	миллио́не	-ах	миллиа́рде	-ах	Zeitungen)
	(1000)		(Million)		(Milliarde)		

Anmerkungen:

1. Diese Zahlwortsubstantive werden wie die ihrem Geschlecht entsprechenden Substantive **dekliniert.**

2. Die bei diesen Zahlwortsubstantiven stehenden **Bezugswörter** bleiben in allen Fällen der Zahlwortsubstantive **im G. Pl.** stehen.

§ 124 Zur Deklination der Zahlwortverbindungen

N.	сто пятьдеся́т оди́н (рубль),	... два (рубля́)
G.	ст а пят и́десяти одн ого́ (рубля́),	... дв ух (рубле́й)
D.	ст а пят и́десяти одн ому́ (рублю́),	... дв ум (рубля́м)
A.	*wie N.*	
I.	ст а пят ью́десят ью одн и́м (рублём),	... дв умя́ (рубля́ми)
P.	(о) ст а пят и́десят и одн о́м (рубле́),	... дв ух (рубля́х)
	(151 Rubel)	(152 Rubel)

N.	ты́сяча шестьсо́т три́дцать четы́ре (студе́нт а)	... пять (студе́нт ов)
G.	ты́сяч и шест исо́т тридцат и́ четырёх (-ов),	... пят и́ (-ов)
D.	ты́сяч е шест иста́м тридцат и́ четырём (-ам),	... пят и́ (-ам)
A.	ты́сяч у шестьсо́т три́дцать четырёх (-ов),	... пять (-ов)
I.	ты́сяч ей шест ьюста́ми тридцат ью́ четыр мья́ (-ами),	... пят ью́ (-ами)
P.	(о) ты́сяч е шест иста́х тридцат и́ четырёх (-ах),	... пят и́ (-ах)
	(1634 Studenten)	(1635 Studenten)

Anmerkung:

Im **mündlichen Sprachgebrauch** werden bei längeren Zahlwortverbindungen zuweilen auch nur die Zahlwortsubstantive «ты́сяча, миллио́н» usw. und deren Verbindungen sowie die Einer bzw. die Zehner und Einer dekliniert, z. B.: пе́ред дв умя́ ты́сяч ами три́ста пятьдеся́т тр емя́ молоды́ми строи́телями (vor 2353 jungen Bauarbeitern).

§ 125 Zur Rektion der Grundzahlwörter

1. Nach «оди́н (одна́, одно́)» stehen Substantive und Adjektive im **N. Sg.** (s. **§§ 113 und 116**).

2. Nach «два (две)», «три» und «четы́ре» steht das Substantiv im **G. Sg.** und das Adjektiv im **G. Pl.**, bei weiblichen Substantiven steht das Adjektiv auch im **N. Pl.** (s. **§§ 113 und 119**).
V o r a n gestellte Adjektive, Ordnungszahlen und Pronomen stehen immer im N. Pl., z. B.: перв ые два дня.

3. Allen Grundzahlen **ab 5** folgen Substantive, Adjektive und Pronomen usw. im **G. Pl.** (s. **§§ 113 und 120**).

4. Bei **Zahlenverbindungen** ist für die Rektion immer das l e t z t e Zahlwort entscheidend (s. Regeln 1–3), z. B.:

сто три́дцать **оди́н** но́вый дом	131 neue Häuser
пять ты́сяч две́сти со́рок **три** но́вых автомоби́ля (G. пяти́ ты́сяч двухсо́т сорока́ трёх но́вых автомоби́лей)	5243 neue Autos
пятьсо́т три́дцать **пять** молоды́х рабо́чих (G. пятисо́т тридцати́ пяти́ молоды́х рабо́чих)	535 junge Arbeiter

5. Beziehen sich die Grundzahlwörter **1, 2, 3** und **4** sowie Zahlenverbindungen mit 1, 2, 3 und 4 als Einer auf ein **Lebewesen,** so ist deren Akkusativform gleich der Genitivfom (vgl. hierzu §§ 116 und 117):

Я ви́дел дв**ух** (тр**ёх,** четыр**ёх**) молод**ы́х** инжене́р**ов.**	Ich sah zwei (drei, vier) junge Ingenieure.
Я ви́дел два́дцать дв**ух** студе́нток.	Ich sah 22 Studentinnen.
aber:	
Я ви́дел два́дцать дв**а** но́в**ых** тра́ктор**а.**	Ich sah 22 neue Traktoren.

6. Bei Zahlwörtern **ab 5** ist deren Akkusativ immer gleich dem Nominativ:

Я ви́дел **два́дцать пять** коро́в (лошаде́й, свине́й, соба́к).	Ich sah 25 Kühe (Pferde, Schweine, Hunde).

§ 126   Gebrauch von «по» in der distributiven Bedeutung «je»

Nach «по» in distributiver Bedeutung stehen «оди́н» und die Zahlwortsubstantive «ты́сяча, миллио́н» usw. **im Dativ**; alle übrigen Zahlwörter stehen **im Akkusativ,** z. B.:

1. по одно́й кни́ге	je 1 Buch	**2.** по дв**е** кни́ги	je 2 Bücher
по одному́ рублю́	je 1 Rubel	по пять рубле́й	je 5 Rubel
по ты́сяче рубле́й	je 1000 Rubel	по сто ма́рок	je 100 Mark
		по пятьсо́т рубле́й	je 500 Rubel

Gelegentlich werden die Zahlwörter ab 5 (6, 7 usw.) auch noch im Dativ gebraucht, z. B. по пяти́ рубле́й.

§ 127   Deklination und Gebrauch der Sammelzahlwörter

1. о́ба (m./n.), о́бе (f.) – beide

N.	о́ба (инжене́ра)	о́бе (газе́ты)
G.	об о́их (инжене́ров)	об е́их (газе́т)
D.	об о́им (инжене́рам)	об е́им (газе́там)
A.	об о́их (инжене́ров)	о́бе (газе́ты)
I.	об о́ими (инжене́рами)	об е́ими (газе́тами)
P.	(об) об о́их (инжене́рах)	об е́их (газе́тах)
	(beide Ingenieure)	(beide Zeitungen)

2. Sammelzahlwörter auf «-oe» und «-epo»

Von diesen Sammelzahlwörtern sind «двóе (2)», «трóе (3)» und «чéтверо (4)» am gebräuchlichsten.

N.	двóе (детéй)	трóе (часóв)	чéтверо (очкóв)
G.	двоúх (детéй)	троúх (часóв)	четверы́х (очкóв)
D.	двоúм (дéтям)	троúм (часáм)	четверы́м (очкáм)
A.	двóих (детéй)	трóе (часóв)	чéтверо (очкóв)
I.	двоúми (детьмú)	троúми (часáми)	четверы́ми (очкáми)
P.	(о) двоúх (дéтях)	троúх (часáх)	четверы́х (очкáх)
	(2 Kinder)	(3 Uhren)	(4 Brillen)

Anmerkungen:

1. Die Sammelzahlwörter auf «-oe» und «-epo» stehen **bei Mehrzahlwörtern.** Sie können auch in Verbindung mit Substantiven gebraucht werden, die **männliche Personen** oder **paarige Gegenstände** bezeichnen. Gelegentlich treten sie auch in Verbindung **mit «нас, вас, их»** auf, z. B.:

двóе очкóв	2 Brillen
трóе студéнтов	3 Studenten
(oder: три студéнта)	
Нас бы́ло трóе.	Wir waren zu dritt.

Bei männlichen Substantiven und in der Verbindung mit «нас, вас, их» wird durch das Sammelzahlwort die Zusammengehörigkeit hervorgehoben.

2. Die Sammelzahlwörter auf «-oe» und «-epo» treten in der Regel **nur im N. und A.** auf. In den übrigen Fällen wird das Grundzahlwort bevorzugt, z. B.:

двóе очкóв, *aber:* двух очкóв (*statt:* двоúх) usw.

§ 128   Multiplikativzahlwörter und ihr Gebrauch

Ist eine Zahl von **1–4** der Multiplikator, so drückt das Russische dies durch besondere Zahlwörter aus:

одúножды (einmal)	трúжды (dreimal)
двáжды (zweimal)	четы́режды (viermal)

z. B.: двáжды пять (2 × 5), трúжды дéсять (3 × 10).

Ist der Multiplikator eine Zahl von **5–10**, so wird dies durch den **I. Sg. der Grundzahl** ausgedrückt, wobei die Betonung auf die e r s t e Silbe verlegt wird: пя́тью (fünfmal), шéстью (sechsmal), сéмью (siebenmal), вóсемью (achtmal) usw. Beispiele: пя́тью дéвять (5 × 9), вóсемью семь (8 × 7) usw.

Von 11 ab umschreibt man in der Regel mit **«умнóжить»** oder **«помнóжить»** (multiplizieren) oder auch mit **«умнóжено»**, z. B.: одúннадцать умнóжить на пять (11 × 5), двáдцать умнóжить на три (20 × 3).

Grundrechnungsarten:

$5 + 3 = 8$ (пять плюс три $=$[1] во́семь)
$12 - 4 = 8$ (двена́дцать ми́нус четы́ре $=$ во́семь)
$6 \times 3 = 18$ (ше́стью три $=$ восемна́дцать)
$15 : 5 = 3$ (пятна́дцать раздели́ть на пять $=$ три)

§ 129   Unbestimmte Zahlwörter

ско́лько			wie viel / wie viele	
сто́лько			so viel / so viele	
не́сколько			einige	
мно́го	но́вых		viel(e)	neue Häuser,
немно́го	домо́в,		einige (etwas)	Bücher
ма́ло	книг		wenig(e)	
нема́ло			nicht wenig(e)	
доста́точно			genug	
недоста́точно			nicht genug	

«Мно́го» und «немно́го» haben auch eine adjektivische Form (**«мно́гие»** und **«немно́гие»**), z. B.: мно́гие студе́нты, у мно́гих студе́нтов usw.

Anmerkungen:

1. Während die adjektivischen Formen (мно́гие, немно́гие) den N. Pl. regieren, verlangen die **unbestimmten Zahlwörter** auf «-o» den **G. Pl.** (bei Einzahlwörtern den **G. Sg.**). «Ско́лько, не́сколько, мно́го» und «сто́лько» werden wie «мно́гие» (Pl.) **dekliniert,** wobei die Nominativform Pl. nicht mehr gebräuchlich ist, z. B.: не́сколько студе́нтов, у не́скольких студе́нтов, к не́скольким студе́нтам usw.

2. Das **Prädikat** steht bei Verbindungen mit einem unbestimmten Zahlwort auf «-o» in der Regel **im Sg.,** z. B.:

Ско́лько инжене́ров рабо́тает (рабо́тало) на заво́де?

Wie viele Ingenieure arbeiten (arbeiteten) im Werk?

§ 130   Deklination der Ordnungszahlwörter

Zur Bildung der Ordnungszahlwörter s. **§§ 113–115.**

Die Ordnungszahlwörter werden wie Adjektive dekliniert (s. **§ 94**).

Beispiele:

Sg.	Pl.
пе́рвый	пе́рвые, -ых, -ым …
пе́рвое -ого, -ому …	
пе́рвая, -о́й, -ой …	

---

[1] «$=$» wird «бу́дет» gelesen

Sg. | Pl.

второй ⎫
второе ⎬ -óго, -óму …
вторáя, -ой, -ой …

вторы́е, -ы́х, -ы́м …

трéтий ⎫ -ьего, -ьему, -ий (-ьего, -ье),
трéтье ⎬ -ьим, -ьем
трéтья, -ьей, -ьей, -ью, -ьей, -ьей

трéтьи, -ьих, -ьим, -ьи (-ьих), -ьими, -ьих

пя́тый, -ого, -ому …

пя́тые, -ых, -ым …

двадцáтый, -ого, -ому …
usw.

двадцáтые, -ых, -ым …

Bei **Zahlenverbindungen** werden oft nur die substantivischen Zahlwörter «ты́сяча, миллио́н, миллиáрд» usw., die davor stehenden Grundzahlwörter sowie das an letzter Stelle der Zahlenverbindung stehende Ordnungszahlwort dekliniert, z. B.: сто двáдцать пя́тый, сто двáдцать пя́того, сто двáдцать пя́тому …; у двух ты́сяч двéсти три́дцать пя́того автомоби́ля.

§§ 131–134 Bruchzahlen

§ 131   Substantivische Bruchzahlwörter

полови́на (Hälfte), **треть, -и** (Drittel), **чéтверть, -и** (Viertel), **полторá** (m. / n.) / **полторы́** (f.) (anderthalb).

Beachten Sie:

In der **Mathematik** wird «$\frac{1}{2}$» mit «**однá вторáя**» bezeichnet.

Dekliniert werden die substantivischen Bruchzahlwörter (außer «полторá») wie die ihrem Geschlecht entsprechenden Substantive: полови́на, -ы, -е, -у, -ой, -е ; треть, трéти, -и, треть, -ью, -и .

Deklination von «полторá / полторы́»:

N. | G. | D. | | A. | I. | P.

полторá ⎫
полторы́ ⎬ полу́тора, полу́тора,

полторá ⎫
полторы́ ⎬ полу́тора, полу́тора

§ 132   Echte und unechte Brüche

однá треть тóнны ($\frac{1}{3}$ t), однá пя́тая ли́тра ($\frac{1}{5}$ l), две шесты́х грáмма ($\frac{2}{6}$ g), вóсемь деся́тых ($\frac{8}{10}$), дéсять шесты́х ($\frac{10}{6}$) usw.

Der **Zähler** wird hier durch ein **Grundzahlwort** (bei 1 und 2 in der weiblichen Form) und der **Nenner** durch ein **Ordnungszahlwort** (ab 2 im G. Pl.) ausgedrückt. Das weibliche Geschlecht des Zählers und Nenners (однá пя́тая грáмма – $\frac{1}{5}$ g) geht auf die weiblichen

Substantive «**часть** (Teil)» bzw. «**до́ля** (Teil)» zurück, die ursprünglich als Bezugswörter mitgeschrieben und mitgesprochen wurden.

Dekliniert werden die Bruchzahlwörter ganz regelmäßig wie Grund- und Ordnungszahlwörter, z. B.:

N.	одна́ пя́тая		две шесты́х	
G.	одно́й пя́той		двух шесты́х	
D.	одно́й пя́той		двум шесты́м	
A.	одну́ пя́тую	ли́тра	две шесты́х	гра́мма
I.	одно́й пя́той		двумя́ шесты́ми	
P.	(об) одно́й пя́той		(о) двух шесты́х	
	($^1/_5$ l)		($^2/_6$ g)	

N.	пять восьмы́х		три че́тверти	
G.	пяти́ восьмы́х		трёх четверте́й	
D.	пяти́ восьмы́м		трём четвертя́м	
A.	пять восьмы́х	то́нны	три че́тверти	ме́тра
I.	пятью́ восьмы́ми		тремя́ четвертя́ми	
P.	(о) пяти́ восьмы́х		(о) трёх четвертя́х	
	($^5/_8$ t)		($^3/_4$ m)	

§ 133 Gemischte Brüche

Bei gemischten Brüchen werden die ganze Zahl und der Bruch durch die Konjunktion «**и**» verbunden, z. B.:

$1^2/_6$	одна́ (це́лая)[1] и две́ шесты́х	гра́мма
$2^5/_2$	две (це́лых) и пять восьмы́х	ме́тра
$6^7/_{10}$	шесть (це́лых) и семь деся́тых	ли́тра
$3^1/_2$	три (це́лых) и одна́ полови́на	то́нны
	(*oder:* три **с** полови́ной)	секу́нды
$5^1/_3$	пять (це́лых) и одна́ треть	
	(*oder:* пять **с** тре́тью)	мину́ты

Anmerkungen:

1. Der Gebrauch von «**це́лая**» nach «**одна́**» als Bezeichnung für die ganze Zahl und «**це́лых**» (G. Pl.) in allen übrigen Verbindungen ist fakultativ.

2. Die **substantivischen** Bruchzahlwörter «**полови́на**», «**треть**» und «**че́тверть**» können auch mit der Präposition «**с**» an die ganze Zahl angeschlossen werden.

3. Gemischte Brüche regieren ebenso wie echte und unechte Brüche im Allgemeinen den **G. Sg.** (bei Mehrzahlwörtern den **G. Pl.**). Folgt das abhängige Substantiv jedoch unmittelbar der ganzen Zahl, so wird es natürlich von dieser regiert, z. B. оди́н метр и три пя́тых ($1^3/_5$ m), пять ли́тров и одна́ че́тверть ($5^1/_4$ l) usw.

[1] Die volle Form lautete ursprünglich «одна́ (це́лая едини́ца) и две шесты́х (до́ли едини́цы)».

Dasselbe gilt auch für gemischte Brüche mit den präpositionalen Verbindungen «с полови́ной», «с тре́тью» und «с че́твертью», z. B.: два с полови́ной проце́нта ($2^1/_2$%), *aber:* пять с полови́ной проце́нтов.

Der Gebrauch des Bezugswortes im G. Pl. ist zuweilen auch bei gemischten Brüchen ohne substantivische Zahlwörter zu beobachten, wenn die ganze Zahl größer als 4 ist.

§ 134   Dezimalbrüche

Dezimalbrüche werden wie die gemeinen Brüche **gelesen:**

0,1	ноль це́лых и одна́ деся́тая	
0,7	ноль це́лых и семь деся́тых	
1,3	одна́ це́лая и три деся́тых	
2,9	две це́лых и де́вять деся́тых	
5,25	пять це́лых и два́дцать пять со́тых	
	(*oder:* пять[1], два́дцать пять со́тых)	гра́мма,
15,233	пятна́дцать це́лых и две́сти три́дцать три ты́сячных	ме́тра,
	(*oder:* пятна́дцать, две́сти …)	миллиме́тра,
10,00 75	де́сять це́лых и се́мьдесят пять десятиты́сячных	секу́нды
	(*oder:* де́сять, се́мьдесят пять …)	
4,000 11	четы́ре це́лых и оди́ннадцать стоты́сячных	
	(*oder:* четы́ре, оди́ннадцать …)	
1,000 009	одна́ це́лая и де́вять миллио́нных	
	(*oder:* одна́, де́вять миллио́нных)	

§§ 135-158   Das Pronomen (Fürwort)

§ 135   Das Personalpronomen (persönliches Fürwort)

Sg.

	1. Pers.		2. Pers.	3. Pers.		
N.	**я** (ich)		**ты** (du)	**он** (er) **оно́** (es)		**она́** (sie)
G.	(у)	меня́	(у) тебя́	его́ (у него́)		её (у неё)
D.	(ко)	мне	(к) тебе́	ему́ (к нему́)		ей (к ней)
A.	(на)	меня́	(на) тебя́	его́ (на него́)		её (на неё)
I.	(со)	мной (-о́ю)	(с) тобо́й (-о́ю)	им (с ним)		ей (е́ю) (с ней)
P.	(обо)	мне	(о) тебе́	(о нём)		(о ней)

---

[1] Sprich: «пять два́дцать пять со́тых».

Pl.

N.		мы (wir)		вы (ihr)	они́ (sie)	
G.	(у)	нас	(у)	вас	их	(у них)
D.	(к)	нам	(к)	вам	им	(к ним)
A.	(на)	нас	(на)	вас	их	(на них)
I.	(с)	на́ми	(с)	ва́ми	и́ми	(с ни́ми)
P.	(о)	нас	(о)	вас		(о них)

Anmerkungen:

1. **Nach Präpositionen** erhalten die Personalpronomen der 3. Person (Sg. und Pl.) einen «н»-Vorschlag. (Vgl. Beispiele in der Tabelle.) Werden «еró, её» und «их» als Possessivpronomen gebraucht, so entfällt der «н»-Vorschlag. (Vgl. § 138.)

B e i s p i e l e :

у н еró	bei ihm (er hat, besitzt)	у н её	bei ihr (sie hat, besitzt)
к н ему́	zu ihm	к н ей	zu ihr
на н еró	auf (über) ihn	на н её	auf (über) sie
с н им	mit ihm	с н ей	mit ihr
о н ём	über ihn	о н ей	über sie
у н их	bei ihnen (sie haben, besitzen)	с н и́ми	mit ihnen
к н им	zu ihnen	о н их	über sie

2. Vor «мне» und «мной» werden die auf einen Konsonanten auslautenden Präpositionen durch «-о» erweitert; «о» vor «мне» als Präpositiv Sg. wird zu «óбо» erweitert: ко мне, со мной, надо мной, подо мной, обо мне usw.

3. Im gehobenen Stil treten gelegentlich im Instrumental auch die Endungen «-ою» und «-ею» auf, z. B.: мной → мнóю, тобóй → тобóю, ей → éю.

4. «Вы» (2. Pers. Pl.) und seine Deklinationsformen dienen auch als **Höflichkeitsform**. In Briefen schreibt man diese ebenso wie im Deutschen groß. «Ты» und seine Deklinationsformen werden dagegen im Unterschied zum Deutschen im Russischen auch in Briefen k l e i n geschrieben.

§ 136 Das Reflexivpronomen (rückbezügliches Fürwort)

N.	G.	D.	A.	I.	P.
–	себя́	себе́	себя́	собóй (-óю)	(о)себе́

Das russische Reflexivpronomen hat keine Nominativform mehr und wird im Unterschied zum Deutschen für **alle** Geschlechter und Personen (Sg. und Pl.) verwendet.

Beispiele:

1. Pers. Sg.	Я купи́л(-а)		кни́гу / пальтó.
2. Pers.	Ты купи́л(-а)		костю́м / пла́тье.
3. Pers.	Он купи́л		журна́л.
	Она́ купи́ла	себé	пла́тье.
1. Pers. Pl.	Мы купи́ли		автомоби́ль.
2. Pers.	Вы купи́ли		ту́фли.
3. Pers.	Они́ купи́ли		телеви́зор.

§ 137   Das Possessivpronomen (besitzanzeigendes Fürwort)

		Sg. m. (mein)	n. (mein)	f. (meine)	Pl.
N.		мой (стол)	моё (ме́сто)	моя́ (кни́га)	мои́
G.	(у)	моего́ (стола́)	моего́ (ме́ста)	мое́й (кни́ги)	мои́х
D.	(к)	моему́ (столу́)	моему́ (ме́сту)	мое́й (кни́ге)	мои́м
A.		N. od. G. (стол)	моё (ме́сто)	мою́ (кни́гу)	N. od. G.
I.	(под)	мои́м (столо́м)	мои́м (ме́стом)	мое́й (кни́гой)	мои́ми
P.	(на)	моём (столе́)	моём (ме́сте)	мое́й (кни́ге)	мои́х

		Sg. m. (unser)	n. (unser)	f. (unsere)	Pl.
N.		наш	на́ше	на́ша	на́ши
G.	(у)	на́шего		на́шей	на́ших
D.	(к)	на́шему		на́шей	на́шим
A.		N. od. G.	на́ше	на́шу	N. od. G.
I.	(с)	на́шим		на́шей	на́шими
P.	(о)	на́шем		на́шей	на́ших

Wie «мой, моё, моя́» und «мои́» werden auch «**твой** (dein), твоё, твоя́, твои́» und «**свой** (sein eigener), своё, своя́» und «свои́» dekliniert.

Wie «наш, на́ше, на́ша» und «на́ши» werden auch «**ваш** (euer, Ihr), ва́ше, ва́ша» und «ва́ши» dekliniert.

Anmerkung:

«**Ваш, ва́ше, ва́ша**» und «**ва́ши**» sowie deren Deklinationsformen werden auch als **Höflichkeits-form** («Ihr, Ihre») gebraucht. In Briefen sind diese Pronomen dann großzuschreiben.

§ 138   Das Possessivpronomen der 3. Person Sg. und Pl. «его, её, их»

3. Pers. Sg.		
его́	друг (кни́га, пальто́, друзья́, кни́ги)	**sein** Freund (Buch, Mantel, **seine** Freunde, seine Bücher)
её		**ihr** Freund (Buch, Mantel, **ihre** Freunde, ihre Bücher)
3. Pers. Pl.		
их	друг (кварти́ра, друзья́, кни́ги)	**ihr** Freund (**ihre** Wohnung, ihre Freunde, ihre Bücher)

Bei diesen Possessivpronomen handelt es sich um den unveränderlichen Genitiv des Personalpronomens, der hier die Funktion des Possessivpronomens ausübt. «Его́, её» und «их» dürfen jedoch nur gebraucht werden, **wenn der Besitzer nicht gleichzeitig Subjekt des Satzes ist**, z. B.:

Я ви́дел его́ дру́га.   Ich sah **seinen** Freund.

Beachten Sie:

«Его, её» und «их» erhalten in der Funktion eines Possessivpronomens nach Präpositionen **keinen «н»-Vorschlag.** Vgl. hierzu **§ 135, Anm. 1.**)

Beispiele:

говори́ть с его́ дру́гом, с её бра́том, с их преподава́телем, прие́хать к его́ (её) сестре́, расска́зывать о его́ пое́здке, о её командиро́вке, об их рабо́те.

§ 139   Das reflexive Possessivpronomen «свой»

«Свой (своё, своя́, Pl. свои́)» bedeutet «mein(e), dein(e), sein(e), ihr(e), unser(e) eigene(r)» usw. und wird immer dann gebraucht, wenn die **Zugehörigkeit des Objekts zum Subjekt** ausgedrückt wird. Während in den ersten beiden Personen an Stelle von «свой (своё, своя́, свой)» auch «мой, твой, наш» und «ваш» stehen können, kann in der 3. Pers. Sg. und Pl. das Besitzverhältnis «Subjekt – Objekt» nur durch «свой» wiedergegeben werden.

Beispiele:

Я ви́дел(-а) своего́ (моего́) преподава́-   Ich sah **meinen** Lehrer.
теля.

Ты спроси́л(-а) своего́ (твоего́) дру́га   Hast **du deinen** Freund (**deine** Freundin)
(свою́ / твою́ подру́гу)?   gefragt?

Он ко́нчил свою́ рабо́ту (свой докла́д).   **Er** hat **seine** Arbeit (**seinen** Vortrag) be-
                                              endet.

Она́ ко́нчила свою́ рабо́ту (свой   **Sie** hat **ihre** Arbeit (**ihren** Vortrag) beendet.
докла́д).

Мы		свою́ (на́шу)	**Wir** haben **unsere** Arbeit beendet.
Вы	ко́нчили	свою́ (ва́шу) рабо́ту.	**Ihr** habt **eure** Arbeit beendet.
Они́		свою́	**Sie** haben **ihre** Arbeit beendet.

Dekliniert wird dieses Possessivpronomen wie «мой (моё, моя́, Pl. мои́)» (vgl. **§ 137**).

§§ 140–143 Das Demonstrativpronomen (hinweisendes Fürwort)

§ 140   **э́тот, э́то, э́та, э́ти** – dieser, dies(es), diese, diese

	Sg.			Pl.
	m.	n.	f.	
N.	э́тот	э́то	э́та	э́ти
G.	(у) э́того		э́той	э́тих
D.	(к) э́тому		э́той	э́тим
A.	(на) *N. od. G.*	э́то	э́ту	*N. od. G.*
I.	(с) э́тим		э́той	э́тими
P.	(об) э́том		э́той	э́тих

§ 141   тот, то, та, те – **jener, jenes, jene, jene**

		Sg.			Pl.
		m.	n.	f.	
N.		тот	то	та	те
G.	(у)	того		той	тех
D.	(к)	тому		той	тем
A.	(на)	*N. od. G.*	то	ту	*N. od. G.*
I.	(с)	тем		той	téми
P.	(о)	том		той	тех

§ 142   тот же (сáмый), то же (сáмое), та же (сáмая), те же (сáмые) – **derselbe, dasselbe, dieselbe, dieselben**

Diese Wortverbindungen werden zuweilen auch ohne das Pronomen «сáмый» gebraucht, z. B.: тот же, то же usw.

Dekliniert werden nur die Pronomen, z. B.:

тот **же** (сáмый) студéнт	derselbe Student
того **же** (сáмого) студéнт**а**	desselben Studenten
тому **же** (сáмому) студéнт**у**	demselben Studenten usw.

§ 143   такóй, такóе, такáя, такúе – **solcher, solches, solche, solche**

Dekliniert wird dieses Pronomen wie ein Adjektiv. (Vgl. **§ 96**.)

§§ 144–146 Das Interrogativpronomen (Fragefürwort)

§ 144   кто? – **wer?** что? – **was?** – чей? – **wessen?**

				Sg.		Pl.	
				m.	n.	f.	
N.		кто	что	чей	чьё	чья	чьи
G.	(у)	когó	чегó	чьегó		чьей	чьих
D.	(к)	комý	чемý	чьемý		чьей	чьим
A.	(на)	когó	что	*N. od. G.*	чьё	чью	*N. od. G.*
I.	(с)	кем	чем	чьим		чьей	чьúми
P.	(о)	ком	чём	чьём		чьей	чьих

Beispiele:

Кто звонúл мне?	Wer hat mich angerufen?
Кто он?	Was ist er von Beruf?
Что он сказáл?	Was hat er gesagt?
Что онá дéлает?	Was macht sie?

Чей э́то чемода́н?	Wessen Koffer ist das?
Чья э́то кни́га?	Wessen Buch ist das?
Чьё э́то пальто́?	Wessen Mantel ist das?
Чьи э́то кни́ги?	Wessen Bücher sind das?

§ 145   како́й, -о́е, -а́я, -и́е? – was für ein(e)? was für? welcher, welche(s), welche?

Mit «како́й» fragt man nach der Eigenschaft, z. B.:

Кака́я э́то кни́га?	Was für ein Buch ist das?
Како́й костю́м тебе́ нра́вится?	Welcher Anzug gefällt dir?

Dekliniert wird dieses Pronomen wie ein Adjektiv. (Vgl. **§ 96**.)

§ 146   кото́рый, -ое, -ая, -ые? – welcher, welche(s), welche? der (die, das) wievielte?

Mit «кото́рый» bezieht man sich auf die Reihenfolge oder nimmt eine Auswahl vor, z. B.:

Кото́рый час?	Wie spät ist es?
В кото́ром часу́?	Um wie viel Uhr?
С кото́рым студе́нтом вы уже́ говори́ли?	Mit welchem Studenten habt ihr schon gesprochen?

Dekliniert wird «кото́рый» wie ein Adjektiv. (Vgl. **§ 94**.)

§ 147   Das Relativpronomen (bezügliches Fürwort)

Die Relativpronomen **«кото́рый, како́й, кто, что, чей»** und **«ско́лько»** sind aus den Fragepronomen hervorgegangen und weisen auf die Beziehung zwischen Haupt- und Nebensatz hin.

Beispiele:

	кото́рый тепе́рь рабо́тает преподава́телем.
	der jetzt als Lehrer arbeitet.
Я ви́дел инжене́ра,	с кото́рым вы разгова́ривали.
Ich sah den Ingenieur,	mit dem ihr euch unterhalten habt.
	о кото́ром ты говори́л.
	von dem du gesprochen hast.

Anmerkungen:

1. Besonders zu beachten ist die Verwendung von «кто» für «кото́рый (-ые)» in Verbindung mit «тот, те, все», z. B.:

Тот, кто (= кото́рый) говори́л с ва́ми, ...	Derjenige, der (welcher) mit euch gesprochen hat, ...
Те, кто (= кото́рые) прие́хали из Москвы́, ...	Diejenigen, die (welche) aus Moskau gekommen sind, ...

2. Den deutschen bezüglichen Pronomen **«dessen, deren»** entspricht im Russischen der **nachgestellte Genitiv von «кото́рый»** (Sg. und Pl.), z. B.:

Ива́н Петро́вич, бра́такото́рого я хорошо́ зна́ю, стал инжене́ром.	Iwan Petrowitsch, dessen Bruder ich gut kenne, ist Ingenieur geworden.
Ве́рнер и Со́ня, с отцо́мкото́рых я рабо́таю на заво́де, у́чатся тепе́рь в те́хникуме.	Werner und Sonja, mit deren Vater ich im Werk arbeite, studieren jetzt an der Fachschule.

§ 148   Das Negationspronomen (verneinendes Fürwort)

никто́ – niemand
ничто́ – nichts
никако́й, -о́е, -а́я, -и́е – kein(-e)

ниче́й, ничьё, ничья́, ничьи́ – niemandem gehörig

Dekliniert werden diese Pronomen wie die entsprechenden Fragepronomen, z. B.: никто́, никого́, никому́ ... (Vgl. **§§ 144–146.**)

Wird das verneinende Pronomen mit einer **Präposition** gebraucht, so wird diese z w i s c h e n die Partikel «ни» und das Pronomen gesetzt, z. B.:

N.	никто́	ничто́
G.	никого́ (ни у кого́)	ничего́ (ни для чего́)
D.	никому́ (ни к кому́)	ничему́ (ни к чему́)
A.	никого́ (ни на кого́)	ничто́ (ни на что́)
I.	нике́м (ни с ке́м)	ниче́м (ни с че́м)
P.	ни о ко́м	ни о чём

Ebenso bei «никако́й».

> Verneinende Pronomen werden im Satz grundsätzlich mit **doppelter Verneinung** gebraucht, z. B.:
>
> | | |
> |---|---|
> | Я никого́ не ви́дел. | Ich habe niemanden gesehen. |
> | Мы ни с кем не говори́ли. | Wir haben mit niemandem gesprochen. |
> | У меня́ нет никаки́х книг. | Ich habe keine(rlei) Bücher. |

Anmerkung:

Auch die **verneinenden Adverbien** (никогда́ – niemals, нигде́ – nirgendwo, никуда́ – nirgendwohin, ниотку́да – nirgendwoher) werden mit doppelter Verneinung gebraucht (vgl. **§ 204/4, Anm. 1**), z. B.:

Я никуда́ не пое́ду.	Ich fahre nirgendwohin.
Мы нигде́ не нашли́ его́.	Wir haben ihn nirgendwo gefunden.

§ 149   Die Negationspronomen «не́кого» und «не́чего»

«Не́кого» und «не́чего» haben keinen Nominativ und werden nur in **unpersönlichen** Satzkonstruktionen mit dem Infinitiv gebraucht.

Dekliniert werden diese Wörter wie «никто́» und «ничто́», wobei die Partikel «не́-» stets betont bleibt.

Beispiele:

Мне нéкого было об э́том спроси́ть.	Es war niemand da, den ich danach fragen konnte (hätte fragen können).
Ему́ нé с кем посовéтоваться.	Es ist niemand da, mit dem er sich beraten kann (könnte).
Нам нé о чем бýдет разгова́ривать.	Es wird nichts geben, worüber wir uns werden unterhalten können.

«Нéкого» und «нéчего» dürfen nicht verwechselt werden mit «**не кто ино́й, как** – kein anderer als» und «**не что ино́е** – nichts anderes als»!

§§ 150–154 Das Definitpronomen (bestimmendes Fürwort)

§ 150   **весь, всё, вся, все – der (das, die) ganze; alle, sämtliche**

	Sg. m.		n.	f.	Pl.
N.	весь		всё	вся	все
G.		всего́		всей	всех
D.	(ко)	всему́		всей	всем
A.		*N. od. G.*	всё	всю	*N. od. G.*
I.	(со)	всем		всей	всéми
P.	(обо) (во)	всём		всей	всех

Beispiele:

Вся кома́нда пришла́.	Die ganze Mannschaft ist gekommen.
Он получи́л всю сýмму.	Er erhielt die ganze Summe.
Все приéхали к нам.	Alle kamen zu uns.
Мы бóремся за охра́ну приро́ды во всём ми́ре.	Wir kämpfen für den Schutz der Natur/ Umwelt in der ganzen Welt.

Anmerkungen:

1. «Всё» wird auch als **Adverb** in der Bedeutung «immer» gebraucht, z. B.:

В за́ле стано́вится всё ти́ше.	Im Saal wird es immer stiller.

2. Auch als Substantiv in der Bedeutung «alles» tritt es auf, z. B.:

Он всё забы́л.	Er hat alles vergessen.

§ 151   **цéлый, -ое, -ая, -ые – ein ganzer, ein ganzes, eine ganze, ganze**

Beispiele:

Мы жда́ли цéлый час.	Wir warteten eine ganze Stunde.
Э́той пробле́мой я занима́юсь уже цéлый год.	Mit diesem Problem befasse ich mich schon ein ganzes Jahr.

Dekliniert wird dieses Pronomen wie ein Adjektiv. Der Bedeutungsunterschied zwischen «це́лый» und «весь» wird besonders deutlich bei der Übersetzung ins Deutsche, indem nämlich «це́лый» **mit unbestimmtem Artikel** + «ganz» wiedergegeben wird. Vgl. z. B.:

вся кома́нда	**die ganze** Mannschaft
це́лая кома́нда	eine ganze Mannschaft

§ 152   сам, само́, сама́, са́ми – selbst, selber

		Sg.		Pl.
		m. n.	f.	
N.	(Я прие́ду)	сам (само́)	сама́	–
	(Мы прие́дем)	–	–	са́ми
G.	(Э́то от)	него́ самого́	неё само́й	них сами́х
D.	(Мы пое́хали к)	нему́ самому́	ней само́й	ним сами́м
A.	(Они́ ви́дели)	его́ самого́	её само́ё (саму́)	их сами́х
Ï.	(Я рабо́тал с)	ним сами́м	ней само́й	ни́ми сами́ми
P.	(Мы говори́ли о)	нём само́м	ней само́й	них сами́х
		(само́м инжене́ре)	(само́й студе́нтке)	(сами́х студе́нтах)

§ 153   са́мый, -ое, -ая, -ые

«Са́мый» wird wie ein Adjektiv **dekliniert** und dient

1. zur Bildung des Superlativs:

Во́лга – са́мая дли́нная река́ Евро́пы.	Die Wolga ist der längste Fluss Europas.

2. zur Verstärkung der hinweisenden Pronomen «тот, э́тот» (wie «же»):

тот (же) са́мый челове́к	derselbe Mann (Mensch)
та (же) са́мая кни́га	dasselbe Buch
в том (же) са́мом институ́те	in demselben Institut
с те́ми (же) са́мыми вопро́сами	mit denselben Fragen

3. zur Verstärkung von Orts- und Zeitangaben in den Bedeutungen «unmittelbar», «eigentlich», «ganz»:

Я стоя́л у са́мой реки́.	Ich stand **unmittelbar** am Fluss.
Он чита́л с са́мого нача́ла.	Er las **ganz** von Anfang an.

§ 154   ка́ждый, вся́кий, любо́й – jeder, jeder beliebige

Diese Pronomen werden wie Adjektive **dekliniert** und haben nur geringe Bedeutungsunterschiede. Vgl. z. B.:

Ка́ждый (вся́кий, любо́й) студе́нт до́лжен приле́жно учи́ться.	Jeder Student muss fleißig studieren.
Ты мо́жешь узна́ть э́то из любо́го уче́бника.	Das kannst du aus jedem (beliebigen) Lehrbuch entnehmen.
Я занима́лся вся́кими вопро́сами.	Ich habe mich mit allen möglichen Fragen befasst.

§§ 155–158 Das Indefinitpronomen (unbestimmtes Fürwort)

§ 155 Indefinitpronomen werden aus Fragepronomen mit den unveränderlichen Partikeln «-нибу́дь, -ли́бо, -то» oder «ко́е-» gebildet und wie die entsprechenden Fragepronomen **dekliniert**, z. B.: кто́-нибудь, кого́-нибудь, кому́-нибудь … (Vgl. **§§ 144–146.**)

1. -нибу́дь (-ли́бо)

кто́-нибудь – irgendjemand, что́-нибудь – irgendetwas, чей-нибудь – irgendjemandes, како́й-нибудь – irgendein

Спроси́те кого́-нибудь об э́том.	Fragen Sie irgendjemanden danach. (*gleichgültig wen, wer es auch sei, einen beliebigen Menschen*)
Звони́л мне кто́-нибудь?	Hat mich irgendjemand angerufen? (*gleichgültig wer, ein beliebiger Mensch*)
Ну́жно подари́ть ему́ что́-нибудь интере́сное.	Man muss ihm irgendetwas Interessantes schenken. (*gleichgültig was, was auch immer*)

Mit «-нибу́дь» wird etwas für den Sprecher und alle Beteiligten **absolut Unbestimmtes**, Unbekanntes bzw. Gleichgültiges bezeichnet. Ebenso wird auch «-ли́бо» gebraucht, das jedoch nur in der Buchsprache vorkommt.

2. -то

кто́-то – jemand, что́-то –etwas, чей-то – jemandes, како́й-то – ein (gewisser)

К вам кто́-то пришёл.	Es ist jemand zu Ihnen gekommen. Sie haben Besuch. (*Nur dem Sprecher ist der Besucher unbekannt, der besuchten Person kann er dagegen durchaus bekannt sein.*)
Тебе́ кто́-то звони́л.	Es hat dich jemand angerufen. (*eine zwar dem Sprecher, aber nicht unbedingt dem Angerufenen unbekannte Person*)
Ни́на и Андре́й сидя́т за столо́м и о чём-то бесе́дуют.	Nina und Andrej sitzen am Tisch und unterhalten sich über etwas. (*Nur für den Sprecher ist unbekannt, unbestimmt, worüber Nina und Andrej sprechen.*)

Mit «-то» wird im Unterschied zu «-нибу́дь» und «-ли́бо» etwas **nur für den Sprecher Unbekanntes**, Unbestimmtes bezeichnet; für andere ist es bestimmt und bekannt. Auch die Note der Gleichgültigkeit fehlt hier.

Anmerkung:

In **Imperativsätzen** wird grundsätzlich das unbestimmte Pronomen mit «-нибу́дь» gebraucht, z. B.: Спроси́те кого́-нибудь из них. Расскажи́ мне что́-нибудь.

3. кóе-

кóе-кто – mancher, dieser und jener, кóе-что – etwas, manches, dieses und jenes

Mit «кóе-» werden **mehrere** Personen oder Gegenstände bezeichnet, die dem Sprecher zwar näher bekannt sind, von ihm aber **nicht genannt** werden, z. B.:

Онá былá в теáтре кóе с кем из вáшей шкóлы.	Sie war mit einigen aus eurer Schule im Theater.
Я кóе-что из этих книг ужé прочитáла.	Ich habe manche dieser Bücher schon gelesen.

Anmerkung:

Das über die unbestimmten Pronomen Gesagte gilt sinngemäß auch für die Bildung und den Gebrauch der **unbestimmten Adverbien** mit «-то, -нибýдь» und «кóе-» (vgl. **§ 204/3**), z. B.: гдé-нибýдь, гдé-то, когдá-нибýдь, когдá-то, кудá-нибýдь, кудá-то usw.

§ 156 **нéкоторый, -ое, -ая, -ые – ein gewisser, ein gewisses, eine gewisse, gewisse (einige)**

Beispiele:

ждать нéкоторое врéмя	eine gewisse Zeit (eine Zeit lang) warten
нéкоторые из них	einige von ihnen
в нéкоторой стéпени	in gewissem Grade

Dekliniert wird dieses Pronomen wie ein Adjektiv. (Vgl. **§ 96.**)

§ 157 **нéкий, -ое, -ая, -ие – ein gewisser, ein gewisses, eine gewisse, gewisse**

Beispiele:

Вас спрáшивал нéкий (какóй-то) Козлóв.	Nach Ihnen fragte ein gewisser Koslow.
Вам звонúла нéкая (какáя-то) Петрóва.	Eine gewisse Petrowa hat Sie angerufen.

Dekliniert wird dieses Pronomen wie ein Adjektiv. (Vgl. **§ 96.**)

§ 158 **нéкто – jemand, ein gewisser, нéчто – etwas**

Diese Pronomen werden wie «ктó-то» und «чтó-то» bzw. «нéкоторый» und «нéкий» gebraucht. Im Unterschied zu jenen Pronomen werden sie jedoch **nicht dekliniert**, d. h., sie werden nur im Nominativ verwendet.

Beispiele:

Это был нéкто (= ктó-то) в чёрном костюме.	Es war jemand im schwarzen Anzug.

§§ 159–203　Das Verb (Zeitwort)

§ 159　Überblick über den Formenbestand einiger wichtiger Verbtypen

Infinitiv: uv. Form / v. Form	Präsens	Futur: a) uv. Futur b) v. Futur	a) Präteritum uv. / v. b) Konjunktiv uv. / v.	Imperativ: uv. / v.	Partizip: a) Aktiv Präs. / Prät. b) Passiv Präs. / Prät. (Lang- u. Kurzform)	Adverbialpartizip: a) Gleichzeitigkeit b) Vorzeitigkeit
1. Тур:						
читáть *uv.* прочитáть *v.* (lesen)	читáю -ешь -ет -ем -ете -ют	a) бýду ⎫ читáть 　-ешь ⎬ 　-ут ⎭ b) прочитáю 　　-ешь 　　-ют	a) читáл прочитáл (-ла, -ло, -ли) b) читáл бы прочитáл бы	читáй! -йте! прочитáй! -йте!	a) читáющий (-ая, -ее, -ие) (про)читáвший (-ая, -ее, -ие) b) читáемый (-ая, -ое, -ые) (про)читáнный (-ая, -ое, -ые) (про)читан (-а, -о, -ы)	a) читáя b) (про)читáв (про)читáвши
выполнЯ́ть *uv.* выполнить *v.* (erfüllen)	выполнЯ́ю -ешь -ет -ем -ете -ют	a) бýду ⎫ выполнЯ́ть 　-ешь ⎬ 　-ут ⎭ b) выполню 　-ишь 　-ит 　-им 　-ите 　-ят	a) выполнЯ́л выполнил b) выполнЯ́л бы выполнил бы	выполнЯ́й! -йте! выполни! -ите!	a) выполнЯ́ющий выполнЯ́вший выполнивший b) выполнЯ́емый выполненный выполнен (-а, -о, -ы)	a) выполнЯ́я b) выполнив выполнивши выполнЯ́в выполнЯ́вши

Infinitiv: uv. Form / v. Form	Präsens	Futur: a) uv. Futur b) v. Futur	a) Präteritum uv. / v. b) Konjunktiv uv. / v.	Imperativ: uv. / v.	Partizip: a) Aktiv Präs. / Prät. b) Passiv Präs. / Prät. (Lang- u. Kurzform)	Adverbialpartizip a) Gleichzeitigkeit b) Vorzeitigkeit
2. Тур:						
рисова́ть *uw.* нарисова́ть *v.* (zeichnen)	рису́ю -ешь -ет -ем -ете -ют	a) бу́ду -ешь ⎫ рисова́ть -ут ⎭ b) нарису́ю -ешь -ют	a) рисова́л нарисова́л b) рисова́л бы нарисова́л бы	рису́й! -йте! нарису́й! -йте!	a) рису́ющий (на)рисова́вший b) рису́емый (на)рисо́ванный (на)рисо́ван (-а, -о, -ы)	a) рису́я b) (на)рисова́в (на)рисова́вши
3. Тур:						
уме́ть *uw.* суме́ть *v.* (können)	уме́ю -ешь -ет -ем -ете -ют	a) бу́ду -ешь ⎫ уме́ть -ут ⎭ b) суме́ю -ешь -ют	a) уме́л суме́л b) уме́л бы суме́л бы	уме́й! -йте!	a) уме́ющий (суме́вший) b) –	a) уме́я b) (суме́в) (суме́вши)
надея́ться *uw.* понадея́ться *v.* (hoffen)	наде́юсь -ешься -ется -емся -етесь -ются	a) бу́ду -ешь ⎫ надея́ться -ут ⎭ b) понаде́юсь -ешься -ются	a) надея́лся понадея́лся (-лась, -лось, -лись) b) надея́лся бы понадея́лся бы	наде́йся! -йтесь! понаде́йся! -йтесь!	a) наде́ющийся (-аяся, -еося, ~иеся) (по)надея́вшийся b) –	a) наде́ясь b) (по)надея́вшись

Infinitiv: uv.Form / v.Form	Präsens	Futur: a) uv. Futur b) v. Futur	a) Präteritum uv. / v. b) Konjunktiv uv. / v.	Imperativ: uv. / v.	Partizip: a) Aktiv Präs. / Prät. b) Passiv Präs. / Prät. (Lang- u. Kurzform)	Adverbialpartizip: a) Gleichzeitigkeit b) Vorzeitigkeit
4. Typ:						
привыка́ть *uw.* привы́кнуть *v.* (sich gewöhnen)	привыка́ ю -ешь -ет -ем -ете -ют	a) бу́ду -ешь -ут } привыка́ ть b) привы́кн у -ешь -ут	a) привыка́ л привы́к (привы́к ла, -ло, -ли) b) привыка́ л бы привы́к бы	привыка́ й - йте! привы́кни! - ите!	a) привыка́ ющий привы́к ший привыка́ вший b) –	a) привыка́ я b) привы́к ши
5. Typ:						
стро́ить *uw.* постро́ить *v.* (bauen)	стро́ю -ишь -ит -им -ите -ят	a) бу́ду -ешь -ут } стро́и ть b) постро́ ю -ишь -ят	a) стро́и л постро́и л b) стро́и л бы постро́и л бы	стро́й! - йте! постро́й! - йте!	a) стро́ ящий (по)стро́и вший b) стро́и мый (по)стро́енный (по)стро́ен (-а, -о, -ы)	a) стро́ я b) постро́и в постро́и вши
встреча́ть *uw.* встре́тить *v.* (treffen)	встреча́ ю -ешь -ет -ем -ете -ют	a) бу́ду -ешь -ут } встреча́ ть b) встре́чу -ётишь -ётят	a) встреча́ л встре́ти л b) встреча́ л бы встре́ти л бы	встреча́ й! - йте! встре́ть! - бте!	a) встреча́ ющий встреча́ вший встре́ти вший b) встреча́ емый встре́ченный встре́чен (-а, -о, -ы)	a) встреча́ я b) встре́тив встре́тивши

§§ 160–162 Zum Wesen und Gebrauch der Aspekte

§ 160   Das russische Verb verfügt im Unterschied zum deutschen Verb über sogenannte Verbalaspekte, die meist in einer Doppelform des Verbs als **unvollendeter (uv.) bzw. imperfektiver** und als **vollendeter (v.) bzw. perfektiver** Aspekt auftreten, z. B.: писать (*uv.*) / написа́ть (*v.*) – schreiben; стро́ить (*uv.*) / постро́ить (*v.*) – bauen usw. Nicht alle Verben treten in dieser Doppelform als sogenanntes Aspektpaar auf; einige Verben sind entweder nur vollendet oder nur unvollendet oder aber drücken sogar beide Aspekte aus. (Vgl. hierzu **§ 165**.) Der Aspekt des Verbs (vom latein. «aspicere – ansehen, betrachten») zeigt, wie der Sprechende die durch das jeweilige Verb ausgedrückte Handlung betrachtet (vgl. dazu **§§ 161 und 162**). Der Verbalaspekt steht naturgemäß in enger Wechselbeziehung mit den Tempusformen des Verbs. Da es im Russischen nur drei Zeitstufen gibt (Präsens, Präteritum und Futurum), schaffen die Aspekte zusätzliche Möglichkeiten, die **Handlung-Zeit-Beziehungen** im Rahmen der drei Zeitstufen differenzierter zu erfassen und auszudrücken.

§ 161   Verben des uv. Aspekts

Verben des uv. Aspekts drücken in der Regel aus, dass die Handlung bzw. das Geschehen als **nicht abgeschlossen** und als **zeitlich unbegrenzt** betrachtet wird. Im Blickfeld des Sprechers / Schreibers liegt die Handlung in ihrem Verlauf, ihrer Fortdauer bzw. ihrer Wiederholung (gewohnheitsmäßig und nicht gewohnheitsmäßig) und nicht in ihrer Ganzheit. Diese Betrachtung der Handlung bezieht sich auf alle drei Zeitstufen (Präsens, Präteritum und Futur).

Standpunkt des Sprechers/Schreibers

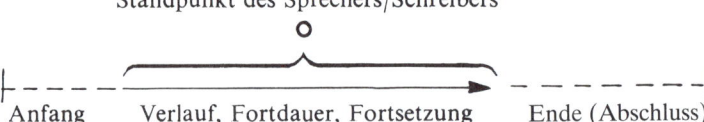

Anfang   Verlauf, Fortdauer, Fortsetzung   Ende (Abschluss)

Beispiele:

Мы **стро́им** но́вые заво́ды.	Wir bauen neue Werke (*d. h. wir sind gerade beim Bauen*).
Мы **стро́или** но́вые заво́ды.	Wie bauten neue Werke (*d. h. wir waren gerade beim Bauen*).
Мы **бу́дем стро́ить** но́вые заво́ды.	Wir werden neue Werke bauen (*d. h. wir werden die Bauarbeiten durchführen; über den Beginn und die Vollendung wird nichts ausgesagt*).
Мы чита́ем э́ту статью́ и перево́дим её.	Wir lesen diesen Artikel und übersetzen ihn (*wir sind z. Z. damit beschäftigt*).
Мы чита́ли и переводи́ли э́ту статью́, но ещё не перевели́ (*v.*) её.	Wir lasen und übersetzten diesen Artikel (*waren damit beschäftigt*), haben ihn aber noch nicht übersetzt (*zu Ende übersetzt*).
Мы бу́дем чита́ть и переводи́ть э́ту статью́, но не зна́ем, переведём (*v.*) ли мы её.	Wir werden diesen Artikel lesen und übersetzen (*d. h. uns damit beschäftigen*), wissen aber nicht, ob wir ihn ganz übersetzen werden (*d. h. ob wir es schaffen, ob wir die Übersetzung zu Ende führen werden*).

Когда́ мы стро́или э́то зда́ние, мы получа́ли строи́тельные материа́лы из Ми́нска.	Als wir das Gebäude bauten (*während wir es bauten*), erhielten wir Baumaterialien aus Minsk (*laufend, während der ganzen Zeit*).

Anmerkung:

1. Verben des uv. Aspekts bilden **alle drei Zeitformen** – Präsens, Präteritum und Futur, z. B.:

Präs.	Prät.	Fut.
Я чита́ю.	Я чита́л.	Я бу́ду чита́ть.
Я стро́ю.	Я стро́ил.	Я бу́ду стро́ить.

2. Werden im Satz Adverbien oder Pronomen verwendet, die die **Dauer bzw. Wiederholung** unterstreichen, so gebraucht man in der Regel den uv. Aspekt, z. B.: **Я ча́сто** чита́ю (чита́л, бу́ду чита́ть). – Ich lese oft (las oft, werde oft lesen).
Ebenso bei: до́лго – lange, ре́дко – selten, иногда́ – manchmal, обы́чно – gewöhnlich, gewohnheitsmäßig, обыкнове́нно – gewöhnlich, in der Regel, всегда́ – immer, всё ещё – immer noch, мно́го – viel, ка́ждый день – jeden Tag u. a.

3. Der uv. Aspekt steht auch nach den sogenannten **Phasenverben** und den Konjugationsformen von **«быть»**, z. B.: нача́ть *v.* / начина́ть *uv.* – beginnen, ко́нчить *v.* / конча́ть *uv.* – beenden, стать *v.* – anfangen, продо́лжить *v.* / продолжа́ть *uv.* – fortsetzen, переста́ть *v.* / перестава́ть *uv.* – aufhören, прекрати́ть *v.* / прекраща́ть *uv.* – aufhören, einstellen, abbrechen u. a.

4. Auch **gleichzeitig verlaufende Handlungen** werden in der Regel mit dem uv. Aspekt ausgedrückt, z. B.:

Пётр расска́зывал, **а** мы слу́шали.	Peter erzählte und wir hörten zu.
Мы чита́ли **и** переводи́ли текст.	Wir lasen und übersetzten den Text.
Я бу́ду слу́шать и писа́ть.	Ich werde zuhören und schreiben.

§ 162   Verben des v. Aspekts

Verben des v. Aspekts drücken zum Unterschied zum uv. Aspekt die Handlung als **zeitlich begrenztes, unteilbares, abgeschlossenes Ganzes** aus, d. h. der Sprecher / Schreiber betrachtet die Handlung oder das Geschehen nicht unter dem Gesichtspunkt der einzelnen Handlungsphasen (Anfang, Verlauf und Ende / Abschluss), sondern nur als (ab)geschlossenes unteilbares Ganzes.

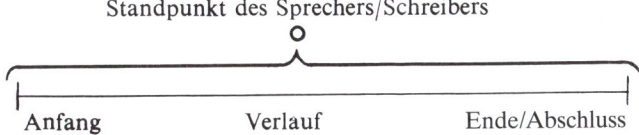

Die Handlung liegt in der Vergangenheit bzw. Zukunft und ist zum Zeitpunkt der Äußerung bereits abgeschlossen (Präteritum) bzw. wird als abgeschlossen gedacht (Zukunft). Aus diesem Grund bilden v. Verben auch **kein Präsens,** sondern nur ein Präteritum und Futur.

Beispiele:

Когда́ я прочита́л э́ту статью́, я пошёл к Бори́су.	Als ich den Artikel (durch)gelesen hatte, ging ich zu Boris.
Когда́ мы постро́или э́то зда́ние, мы пое́хали на но́вую стро́йку.	Als wir das Gebäude gebaut hatten (*fertig hatten*), fuhren wir auf eine neue Baustelle.
Андре́й уже́ написа́л свою́ диссерта́цию.	Andrej hat seine Dissertation schon geschrieben (*hat sie schon fertig*).
Ско́ро и я напишу́ свою́ диссерта́цию.	Auch ich werde meine Dissertation bald geschrieben haben (*fertig haben*).
Мы ещё не зна́ем, переведём ли мы всю статью́.	Wir wissen noch nicht, ob wir den ganzen Artikel übersetzen werden (*damit fertig werden*, *es schaffen*).

Anmerkungen:

1. V. Verben bilden im Unterschied zu uv. Verben **nur Präteritum und Futur**, z. B.:

Präs.	Prät.	Fut.
–	Я написа́л статью́.	Я напишу́ статью́.
–	Мы вы́полнили зада́ние.	Мы вы́полним зада́ние.

2. V. Verben treten häufig in Erzählungen zur Bezeichnung **aufeinanderfolgender Handlungen** auf, z. B.:

Сего́дня я встал в шесть часо́в, бы́стро побри́лся и при́нял душ, оде́лся, поза́втракал и пое́хал на рабо́ту.	Heute stand ich um 6 Uhr auf, rasierte mich schnell, duschte, zog mich an, frühstückte und fuhr zur Arbeit.
За́втра я прочита́ю э́ту статью́, переведу́ её и напишу́ письмо́.	Morgen werde ich den Artikel durchlesen, ihn übersetzen und einen Brief schreiben.

3. Der v. Aspekt tritt auch oft **in Verbindung mit den Wörtern** «вдруг – plötzlich, неме́дленно – unverzüglich, то́тчас – sofort, наконе́ц – schließlich, endlich, успе́ть *v.* – schaffen» u. a. auf. Vgl. hierzu auch § 174 (**Anm. 1/2**).

§§ 163–165 Zur Bildung der Aspekte

§ 163 Zur Bildung des v. Aspekts

1. Viele nichtzusammengesetzte Verben (einfache Verben) sind **nur unvollendet,** d. h. sie bilden keinen vollendeten Aspektpartner mit gleicher Bedeutung. Durch Präfigierung erhalten diese Verben sofort eine andere Bedeutung (vgl. dazu auch § 166/3):

стоя́ть	stehen	вести́	führen (*best.*)
лежа́ть	liegen	води́ть	führen (*unbest.*)
сиде́ть	sitzen	плыть	schwimmen (*best.*)
висе́ть	hängen	пла́вать	schwimmen (*unbest.*)
идти́	gehen (*best.*)	люби́ть	lieben
ходи́ть	gehen (*unbest.*)	име́ть	haben, besitzen

летéть	fliegen (*best.*)		быть	sein
летáть	fliegen (*unbest.*)		держáть	halten
éхать	fahren (*best.*)		жить	leben
éздить	fahren (*unbest.*)		рабóтать	arbeiten u. a. m.
нести́	tragen (*best.*)			
носи́ть	tragen (*unbest.*)			

2. Einige einfache uv. Verben bilden ihren vollendeten Aspektpartner durch **Präfixe** (Vorsilben) unter Beibehaltung der gleichen Bedeutung:

писáть / написáть *v.*	schreiben
стрóить / пострóить *v.*	bauen
знакóмиться / познакóмиться *v.*	sich bekannt (vertraut) machen
смотрéть / посмотрéть *v.*	(an)sehen
дéлать / сдéлать *v.*	machen, tun
читáть / прочитáть *v.*	lesen
пить / вы́пить *v.*	trinken
расти́ / вы́расти *v.*	wachsen
плати́ть / заплати́ть *v.*	zahlen
ви́деть / уви́деть *v.*	sehen u. a. m.

Anmerkung:

Einige einfache uv. Verben bilden den entsprechenden v. Aspektpartner mit einem **anderen Wortstamm**, z. B.: говори́ть / сказáть *v.* – sprechen / sagen, брать / взять *v.* – nehmen, класть / положи́ть *v.* – legen, сади́ться / сесть *v.* – sich setzen, ложи́ться / лечь *v.* – sich legen u. a.

3. In den meisten Fällen wirken jedoch die **Präfixe** nicht nur aspektbildend, sondern gleichzeitig auch **bedeutungsverändernd**, vgl.:

	встрóить *v.*	**ein**bauen
	достро́ить *v.*	**zu Ende** bauen
	застрóить *v.*	**be**bauen
стрóить *uv.*	надстрóить *v.*	**über**bauen
bauen	обстрóить *v.*	**ringsum** bauen
	перестрóить *v.*	**um**bauen
	подстрóить *v.*	**an**bauen
	пристрóить *v.*	**an**bauen

	вписáть *v.*	einschreiben, eintragen
	вы́писать *v.*	ausschreiben, heraus-, ausstellen
	дописáть *v.*	zu Ende schreiben
	записáть *v.*	aufschreiben, eintragen
писáть *uv.*	надписáть *v.*	überschreiben
schreiben	описáть *v.*	beschreiben
	переписáть *v.*	umschreiben, nochmals abschreiben
	подписáть *v.*	unterschreiben
	приписáть *v.*	(hin)zuschreiben
	прописáть *v.*	verschreiben (z. B. Medizin), anmelden
	списáть *v.*	abschreiben, umschreiben

(Zur Wortbildung durch Präfigierung vgl. auch **§ 60.**)

In allen diesen Fällen drücken die durch Präfigierung abgeleiteten Verben den vollendeten Aspekt aus; da sie aber gleichzeitig auch eine neue lexikalische Bedeutung erhalten haben, können sie nicht mehr Aspektpartner zu «стро́ить» bzw. «писа́ть» sein. Ihr **unvollendeter** Aspektpartner muss nun durch **Suffigierung** gebildet werden, z. B. вписа́ть / впи́сывать *uv.*, дописа́ть / допи́сывать *uv.*, записа́ть / запи́сывать *uv.* In der Regel geschieht dies mit den Suffixen «-ыва- / -ива-». (Vgl. hierzu auch **§ 164.**)

4. Besondere Aufmerksamkeit verdienen einige Verben, die durch Präfigierung vollendet werden und ihre lexikalische Grundbedeutung beibehalten, aber gleichzeitig noch eine bestimmte **Bedeutungsnuance** erhalten: Der Sprecher / Schreiber richtet seine Aufmerksamkeit nicht nur auf die Handlung als Ganzes, sondern hebt gleichzeitig bestimmte **Handlungsphasen** hervor, so z. B. entweder den Beginn der Handlung, die zeitliche Begrenzung derselben, die Einmaligkeit oder auch das Ende bzw. Ergebnis der Handlung usw.

Die meisten dieser präfigierten Verben bilden keinen gleichbedeutenden Aspektpartner und damit **kein Aspektpaar.**

Beispiele:

говори́ть *uv.*	заговори́ть *v.* (нача́ть говори́ть)	**anfangen zu** sprechen, **an**sprechen
пла́кать *uv.*	заплака́ть *v.* (нача́ть пла́кать)	anfangen zu weinen, **los**weinen, in Tränen ausbrechen
крича́ть *uv.*	закрича́ть *v.* (нача́ть крича́ть)	anfangen zu schreien, losschreien
смея́ться *uv.*	засмея́ться *v.* (нача́ть смея́ться)	anfangen zu lachen, loslachen
ходи́ть *uv.*	заходи́ть *v.* (нача́ть ходи́ть)	anfangen zu gehen (*z. B. erregt im Zimmer hin- und hergehen*)
идти́ *uv.*	пойти́ *v.*	**los**gehen
е́хать *uv.*	пое́хать *v.*	losfahren, **ab**fahren
лете́ть *uv.*	полете́ть *v.*	losfliegen, abfliegen
бежа́ть *uv.*	побежа́ть *v.*	loslaufen
сиде́ть *uv.*	посиде́ть *v.*	**eine Zeit lang** sitzen, einige Zeit verweilen
говори́ть *uv.*	поговори́ть *v.*	etwas, einige Zeit sprechen
чита́ть *uv.*	почита́ть *v.*	etwas, einige Zeit lesen
рабо́тать *uv.*	порабо́тать *v.*	etwas, einige Zeit arbeiten
гуля́ть *uv.*	погуля́ть *v.*	etwas, einige Zeit spazieren gehen u. a.

Die abgeleiteten Verben mit der Bedeutungsnuance «etwas, einige Zeit bzw. eine Zeit lang» werden meist in Verbindung mit **«немно́го»** gebraucht, z. B.: немно́го посиде́ть / поговори́ть / почита́ть usw.

Auf das Ende bzw. Ergebnis der Handlung weisen besonders solche Präfixe hin wie «до-», «вы-», «на-», z. B.:

чита́ть *uv.*	дочита́ть *v.*	**zu Ende** lesen
стро́ить *uv.*	достро́ить *v.*	zu Ende bauen
писа́ть *uv.*	дописа́ть *v.*	zu Ende schreiben
кури́ть *uv.*	докури́ть *v.*	zu Ende rauchen
говори́ть *uv.*	договори́ть *v.*	zu Ende sprechen
жа́рить *uv.*	дожа́рить *v.*	zu Ende braten

вари́ть *uv.*	довари́ть *v.*	gar kochen
рвать *uv.*	вы́рвать *v.*	**heraus**reißen
рабо́тать *uv.*	вы́работать *v.*	**aus**arbeiten, produzieren
слу́шать *uv.*	вы́слушать *v.*	anhören
руби́ть *uv.*	вы́рубить *v.*	aushacken, aushauen
есть *uv.*	нае́сться *v.*	**sich satt** essen
пить *uv.*	напи́ться *v.*	sich satt trinken
кури́ть *uv.*	накури́ть *v.*	vollqualmen, **ver**qualmen
	накури́ться *v.*	sich satt rauchen
рвать *uv.*	нарва́ть *v.*	eine Menge ... pflücken
сиде́ть *uv.*	насиде́ться *v.*	zur Genüge, **lange genug** sitzen u. a.

Den **uv. Aspektpartner** bilden diese Verben **durch Suffigierung** (vgl. **§ 164**):

рвать *uv.*	вы́рвать *v.*	/ вырыва́ть *uv.*
есть *uv.*	нае́сться *v.*	/ наеда́ться *uv.* usw.

§ 164   Zur Bildung des uv. Aspekts

Vollendete Verben bilden den gleichbedeutenden uv. Aspektpartner in der Regel mit den Suffixen «-ыва- / -ива-, -ва-, -а- / -я-».

1. -ыва- / -ива-:

разрабо́тать *v.*	/ разраба́тывать *uv.*	ausarbeiten, entwerfen
рассказа́ть *v.*	/ расска́зывать *uv.*	erzählen
заказа́ть *v.*	/ зака́зывать *uv.*	bestellen
записа́ть *v.*	/ запи́сывать *uv.*	aufschreiben
переписа́ть *v.*	/ перепи́сывать *uv.*	umschreiben
доказа́ть *v.*	/ дока́зывать *uv.*	beweisen
опозда́ть *v.*	/ опа́здывать *uv.*	sich verspäten
описа́ть *v.*	/ опи́сывать *uv.*	beschreiben
указа́ть *v.*	/ ука́зывать *uv.*	hinweisen
перестро́ить *v.*	/ перестра́ивать *uv.*	umbauen
достро́ить *v.*	/ достра́ивать *uv.*	zu Ende bauen
встро́ить *v.*	/ встра́ивать *uv.*	einbauen
увели́чить *v.*	/ увели́чивать *uv.*	vergrößern
поддержа́ть *v.*	/ подде́рживать *uv.*	unterstützen
обеспе́чить *v.*	/ обеспе́чивать *uv.*	gewährleisten, sichern
переде́лать *v.*	/ переде́лывать *uv.*	umgestalten, umarbeiten
подчеркну́ть *v.*	/ подчёркивать *uv.*	unterstreichen
зако́нчить *v.*	/ зака́нчивать *uv.*	beenden
спроси́ть *v.*	/ спра́шивать *uv.*	fragen

Bei einigen dieser Verben tritt vor dem Ableitungssuffix «-ива-» **Vokalwechsel** und z. T. auch **Konsonantenwechsel** ein, z. B.:

спроси́ть / спра́шивать (vgl. hierzu auch **§§ 32–36, 43–44**).

2. -ва-:

закры́ть *v.*	/ закрыва́ть *uv.*	schließen
откры́ть *v.*	/ открыва́ть *uv.*	öffnen
умы́ть *v.*	/ умыва́ть *uv.*	waschen
разви́ть *v.*	/ развива́ть *uv.*	entwickeln
прибы́ть *v.*	/ прибыва́ть *uv.*	ankommen
заболе́ть *v.*	/ заболева́ть *uv.*	erkranken
забы́ть *v.*	/ забыва́ть *uv.*	vergessen
нагре́ть *v.*	/ нагрева́ть *uv.*	erwärmen
дать *v.*	/ дава́ть *uv.*	geben
переда́ть *v.*	/ передава́ть *uv.*	übergeben
встать *v.*	/ встава́ть *uv.*	aufstehen
узна́ть *v.*	/ узнава́ть *uv.*	erkennen
доби́ться *v.*	/ добива́ться *uv.*	erreichen, zu erreichen versuchen

3. -а- / -я-:

получи́ть *v.*	/ получа́ть *uv.*	erhalten
ко́нчить *v.*	/ конча́ть *uv.*	beenden
реши́ть *v.*	/ реша́ть *uv.*	beschließen, lösen, sich entschließen
отве́тить *v.*	/ отвеча́ть *uv.*	antworten
встре́тить *v.*	/ встреча́ть *uv.*	treffen, empfangen
включи́ть *v.*	/ включа́ть *uv.*	einschalten, einschließen
улу́чшить *v.*	/ улучша́ть *uv.*	verbessern
вы́пустить *v.*	/ выпуска́ть *uv.*	produzieren
бро́сить *v.*	/ броса́ть *uv.*	werfen
повы́сить *v.*	/ повыша́ть *uv.*	erhöhen
возврати́ть *v.*	/ возвраща́ть *uv.*	zurückgeben
преврати́ть *v.*	/ превраща́ть *uv.*	umwandeln
размести́ть *v.*	/ размеща́ть *uv.*	unterbringen
убеди́ть *v.*	/ убежда́ть *uv.*	überzeugen
вы́разить *v.*	/ выража́ть *uv.*	ausdrücken
защити́ть *v.*	/ защища́ть *uv.*	verteidigen
замени́ть *v.*	/ заменя́ть *uv.*	ersetzen
примени́ть *v.*	/ применя́ть *uv.*	anwenden
вы́полнить *v.*	/ выполня́ть *uv.*	erfüllen
измени́ть *v.*	/ изменя́ть *uv.*	verändern
объясни́ть *v.*	/ объясня́ть *uv.*	erklären
соедини́ть *v.*	/ соединя́ть *uv.*	verbinden
укрепи́ть *v.*	/ укрепля́ть *uv.*	festigen, stärken
объедини́ть *v.*	/ объединя́ть *uv.*	vereinigen

Bei einigen dieser Ableitungen ist auch auf den **Konsonanten- und Vokalwechsel** zu achten.

§ 165   Einige Besonderheiten der Aspektbildung

1. Bei einigen Verben erkennt man die beiden Aspektpartner (v. / uv.) nur an der **unterschiedlichen Betonung** ein und derselben Verbform, z. B.:

узнава́ть (узна́ю, -ёшь) *uv.* / узна́ть (узна́ю, -ешь) *v.* – erkennen, erfahren, разреза́ть (-реза́ю, -ешь) *uv.* / разре́зать (-ре́жу, -ешь) *v.* – zerschneiden, рассыпа́ть (-па́ю, -ешь) *uv.* / рассы́пать (-плю, -плешь) *v.* – verstreuen.

2. Einige Verben haben **nur den uv. Aspekt.** (Vgl. **§ 163/1.**) Hierzu gehören auch: зави́сеть – abhängen, содержа́ть – enthalten, отсу́тствовать – abwesend sein, прису́тствовать – anwesend sein, состоя́ть – bestehen (aus), соотве́тствовать – entsprechen, принадлежа́ть – gehören u. a.

3. Einige Verben haben **nur den v. Aspekt;** z. B.: состоя́ться – stattfinden, пона́добиться – brauchen, benötigen u. a.

4. Bei einer größeren Anzahl von Verben, insbesondere mit den Wortbildungssuffixen «-ова-» und «-ирова-», kann dieselbe Verbform je nach dem Satzzusammenhang **sowohl uv. als auch v.** gebraucht werden:

Я как раз испо́льзую э́ти статьи́. (*uv.*)   Ich benutze gerade diese Artikel.
Я их ещё испо́льзую. (*v.*)   Ich werde sie noch benutzen.

Ebenso bei: организова́ть – organisieren, иссле́довать – (er)forschen, образова́ть – bilden, телеграфи́ровать – telegraphieren, электрифици́ровать – elektrifizieren, обеща́ть – versprechen u. a.

Anmerkungen:

1. Von einigen dieser Verben wird mit dem Suffix «-ыва- / -ива-» auch ein **uv. Aspekt** gebildet, z. B.:

организова́ть *uv.* / *v.* → организо́вывать *uv.*
образова́ть *uv.* / *v.*   → образо́вывать *uv.*   u. a.

2. Ebenso wird von einigen dieser Verben durch Präfixe auch ein **v. Aspekt** gebildet; z. B.:

организова́ть *uv.* / *v.* → ^сорганизова́ть *v.*
обеща́ть *uv.* / *v.*   → пообеща́ть *v.*
жени́ться *uv.* / *v.*   → пожени́ться *v.*   u. a.

§ 166   Die Verben der Bewegung (Doppelverben)

1. Einige russische Verben (fast ausschließlich Verben der Bewegung) verfügen **im unvollendeten Aspekt** über doppelte Formen, und zwar eine bestimmte und eine unbestimmte Form, z. B.:

Bestimmte Form   **Unbestimmte Form**

()   (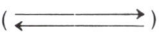)

Мы идём в те́хникум.   Ка́ждый день мы хо́дим в те́хникум.
Wir gehen (*gerade*) in die Fachschule   Jeden Tag gehen wir in die Fachschule (*d. h.*
(*d. h. sind gerade unterwegs*).   *wir besuchen sie jeden Tag, wir gehen hin*
                                         und zurück).

Самолёт лете́л в Москву́.   Самолёты лета́ли над го́родом.
Das Flugzeug flog nach Moskau (*d. h.*   Flugzeuge flogen über der Stadt (*hin und*
Zeit und Ziel sind bestimmt, es wird das   *her*).
Unterwegssein ausgedrückt).

Während die bestimmte Form dieser Verben immer ein **konkretes, einmaliges, nach Zeit und Ziel bestimmtes und nicht unterbrochenes Geschehen** ausdrückt, bezeichnet die unbestimmte Form ein nach Zeit und Ziel **unbestimmtes, sich wiederholendes Geschehen.** Mit dieser Form kann außerdem auch eine **gewohnheitsmäßige Handlung** ausgedrückt werden, die durchaus zielgerichtet und zeitlich bestimmt sein kann, z. B.:

Мы хо́дим в те́хникум.	Wir besuchen die Fachschule.

Auch eine **allgemeine Fähigkeit** zum Verrichten einer Handlung kann mit der unbestimmten Form bezeichnet werden, z. B.:

Ребёнок уже́ хо́дит.	Das Kind kann schon gehen (laufen).

2. Die wichtigsten Doppelverben:

bestimmt	*unbestimmt*
(⟶)	(⇄)
идти́	ходи́ть
иду́, -ёшь, -у́т	хожу́, хо́дишь, хо́дят
gehen (*mit Ziel*)	gehen
бежа́ть	бе́гать
бегу́, -жи́шь, -гу́т	бе́гаю, -ешь, -ют
laufen (*mit Ziel*)	laufen
вести́	води́ть
веду́, -ёшь, -у́т	вожу́, во́дишь, во́дят
führen, leiten (*mit Ziel*)	führen
везти́	вози́ть
везу́, -ёшь, -у́т	вожу́, во́зишь, во́зят
fahren, befördern (*mit Ziel*)	fahren, befördern
нести́	носи́ть
несу́, -ёшь, -у́т	ношу́, но́сишь, но́сят
tragen (*etwas*)	tragen, zu tragen pflegen
е́хать	е́здить
е́ду, е́дешь, е́дут	е́зжу, е́здишь, е́здят
fahren (*mit Ziel*)	fahren, reisen
лете́ть	лета́ть
лечу́, лети́шь, летя́т	лета́ю, -ешь, -ют
fliegen (*mit Ziel*)	fliegen
плыть	пла́вать
плыву́, плывёшь, -у́т	пла́ваю, -ешь, -ют
schwimmen (*mit Ziel*)	schwimmen

3. Zu den Aspektbeziehungen der Doppelverben:

Beide Formen dieser Verben der Bewegung sind unvollendet. Werden sie jedoch **präfigiert,** verlieren sie ihren besonderen Charakter als bestimmtes und unbestimmtes Verb und werden zu einem normalen **Aspektpaar.** Dabei wird das bestimmte Verb vollendet und das unbestimmte Verb unvollendet.

Beispiele:

идти́ (uv., best.) ходи́ть (uv., unbest.)	вы́йти v.	/ выходи́ть uv.	hinausgehen
	войти́ v.	/ входи́ть uv.	hineingehen
	прийти́ v.	/ приходи́ть uv.	kommen
	перейти́ v.	/ переходи́ть uv.	hinübergehen
	пройти́ v.	/ проходи́ть uv.	(hin)durchgehen
	подойти́ v.	/ подходи́ть uv.	herantreten
	сойти́ v.	/ сходи́ть uv.	hinuntergehen
	уйти́ v.	/ уходи́ть uv.	fortgehen
нести́ (uv., best.) носи́ть (uv., unbest.)	внести́ v.	/ вноси́ть uv.	hineintragen
	вы́нести v.	/ выноси́ть uv.	hinaustragen
	перенести́ v.	/ переноси́ть uv.	hinübertragen
	пронести́ v.	/ проноси́ть uv.	hindurchtragen
	принести́ v.	/ приноси́ть uv.	bringen
	унести́ v.	/ уноси́ть uv.	wegtragen

Anmerkungen:

1. Der uv. Aspekt der präfigierten Doppelverben «**е́хать – е́здить**» sowie «**плыть – пла́вать**» lautet:

прие́хать v.	/ приезжа́ть uv.	ankommen (fahrend)
уе́хать v.	/ уезжа́ть uv.	fortfahren
приплы́ть v.	/ приплыва́ть uv.	heranschwimmen
переплы́ть v.	/ переплыва́ть uv.	hinüberschwimmen
уплы́ть v.	/ уплыва́ть uv.	fortschwimmen usw.

Zu beachten ist auch die **Verlagerung der Betonung** auf die Endsilbe bei den uv. präfigierten Formen des unbestimmten Verbs der Bewegung «**бе́гать**»: прибега́ть, убега́ть, выбега́ть, забега́ть, перебега́ть usw. *Aber:* побе́гать v., сбе́гать v., забе́гать v. (Vgl. **Anm. 2 u. 3.**)

2. Durch Präfigierung mit «по-» werden nicht nur die bestimmten Verbformen vollendet, sondern auch die unbestimmten, so dass **keine Aspektpaare** entstehen. Die von den bestimmten Formen mit «по-» gebildeten v. Verben heben den **Beginn** der Handlung hervor, z. B.: пойти́ – losgehen, пое́хать – losfahren, полете́ть – losfliegen usw. (Vgl. hierzu auch § **163**/4.) Die von den unbestimmten Formen mit «по-» gebildeten v. Verben heben dagegen die zeitliche Begrenzung der Handlung auf eine **ganz kurze Dauer** hervor, z. B.: походи́ть v. – eine Weile, kurze Zeit umhergehen, побе́гать v. – eine Weile, kurze Zeit umherlaufen, полета́ть v. – eine Weile, kurze Zeit umherfliegen usw.

Bei dem mit «по-» präfigierten Doppelverb «**бе́гать**» (побе́гать) ist zu beachten, dass in dieser Bedeutung **keine Verlagerung der Betonung** auf die Endsilbe erfolgt, wie z. B. bei den Ableitungen mit anderen Präfixen (прибега́ть, убега́ть usw.).

Dasselbe trifft auch für Ableitungen mit dem Präfix «с-» zu (сбе́гать), aber nur in der Bedeutung einer **einmaligen** Hin- und Herbewegung. (Vgl. **Anm. 3.**)

Durch Präfigierung mit «за-» werden die unbestimmten Verben «**бе́гать**» und «**ходи́ть**» in der Bedeutung «**anfangen** zu laufen, zu gehen» ebenfalls vollendet (забе́гать, заходи́ть).

3. Durch Präfigierung der unbestimmten Doppelverben mit «с-» werden diese ebenfalls vollendet und drücken eine **einmalige, abgeschlossene Hin- und Herbewegung** aus, z. B. ходи́ть – сходи́ть v., е́здить – съе́здить v., бе́гать – сбе́гать v.:

Он сходи́л в универма́г.	Er war im Kaufhaus. (*und ist wieder zurück*)
(Он пошёл в универма́г и верну́лся.)	
Мы съе́здили в Ле́йпциг.	Wir waren in Leipzig. (*sind dort gewesen und wieder zurückgekehrt*)
(Мы пое́хали туда́ и верну́лись.)	
Она́ сбе́гала за молоко́м.	Sie holte Milch. (*lief nach Milch und kam damit zurück*)

In der Bedeutung «hinuntergehen, hinunterlaufen» usw. entstehen durch Präfigierung mit «с-» natürlich wieder Aspektpaare, z. B.:

идти́ – ходи́ть → сойти́ *v.* / сходи́ть *uv.*	hinuntergehen
бежа́ть – бе́гать → сбежа́ть *v.* / сбега́ть *uv.*	hinunterlaufen

§§ 167–168 Der Infinitiv des Verbs

§ 167   Der Infinitiv des russischen Verbs endet auf:

-ть рабо́та**ть**, чита́ть, писа́ть, говори́ть

-ти ид**ти́**, нести́, везти́, вести́

-чь мо**чь**, помо́чь, бере́чь, печь

Der Infinitiv s t a m m lautet: рабо́та-, говори́-, ид-, нес-, бере- usw.

§ 168   Zum Gebrauch des uv. und v. Infinitivs

1. Nach den **Phasenverben** «нача́ть *v.* / начина́ть *uv.*, ко́нчить *v.* / конча́ть *uv.*, продо́л-жить *v.* / продолжа́ть *uv.*» usw. steht immer der **uv. Infinitiv.** Vgl. hierzu **§ 161 / Anm. 3.**

Ebenso steht der uv. Infinitiv **nach den Verben:** привыка́ть *uv.* / привы́кнуть *v.* – sich ge-wöhnen, устава́ть *uv.* / уста́ть *v.* – müde werden, überdrüssig sein, учи́ться *uv.* / научи́ться *v.* – lernen, понра́виться *v.* – gefallen, надоеда́ть *uv.* / надое́сть *v.* – es satt haben, избе-га́ть *uv.* – ausweichen, vermeiden u. a.

2. Nach den v. Verben «**забы́ть** – vergessen, **успе́ть** – schaffen, zurechtkommen» und «**уда́ться** – gelingen» steht immer der **v. Infinitiv:**

Я забы́л позвони́ть.	Ich habe vergessen anzurufen.
Она́ успе́ет прочита́ть э́ту статью́.	Sie wird es schaffen, diesen Artikel durch-zulesen.
Мне удало́сь поговори́ть с ним.	Es gelang mir, mit ihm zu sprechen.

3. Nach den uv. Verben «**забыва́ть, успева́ть**» und «**удава́ться**» kann dagegen sowohl der uv. als auch der v. Infinitiv stehen.
Beide Aspekte stehen auch **nach den Verben** «хоте́ть – wollen, mögen, стара́ться – sich bemühen, versuchen, обеща́ть – versprechen, проси́ть – bitten, сове́товать – einen Rat geben, empfehlen» sowie nach den **Modalwörtern** «на́до, ну́жно, до́лжен, сле́дует, не-обходи́мо» u. a.
Wann der uv. bzw. der v. Aspekt zu verwenden ist, entscheidet einzig und allein die Si-tuation und die Art, wie der Sprecher / Schreiber die Handlung betrachtet (vgl. hierzu **§§ 161 und 162**).

4. Folgt Verben, die eine Absicht oder eine Aufforderung ausdrücken, die Verneinungs-
partikel «не», so wird meist der **uv. Infinitiv** verwendet; z. B.:

Я посове́товал не покупа́ть э́ти кни́ги.	Ich hatte empfohlen, diese Bücher nicht zu kaufen.
Она́ реши́ла не остава́ться.	Sie hat sich entschlossen, nicht zu bleiben.
Он проси́л не звони́ть ему́.	Er bat darum, ihn nicht anzurufen.

Nach den **Modalwörtern** «доста́точно, дово́льно, хва́тит, не́зачем» u. a. sowie nach
den verneinten Modalwörtern «не на́до, не ну́жно, не сле́дует, не сто́ит» usw. steht
grundsätzlich der uv. Infinitiv, z. B.:

Доста́точно (дово́льно, хва́тит) обсужда́ть э́тот вопро́с.	Diese Frage ist genügend beraten worden.
Не́зачем остава́ться ему́.	Es hat (doch) keinen Sinn (Zweck), dass er bleibt.
Тебе́ не ну́жно покупа́ть э́ту кни́гу.	Du brauchst dieses Buch nicht zu kaufen.
Нам не сле́дует уезжа́ть.	Es ist nicht nötig, dass wir wegfahren (wir müssen nicht wegfahren).
Не сто́ит идти́ туда́.	Es lohnt sich nicht, dorthin zu gehen.

5. Nach **«нельзя́»** in der Bedeutung «man darf nicht, es ist untersagt, verboten» usw. folgt
nur der uv. Infinitiv, z. B.:

Здесь нельзя́ кури́ть	Hier **darf** man nicht rauchen.
Сейча́с нельзя́ входи́ть в э́ту ко́мнату.	Im Moment ist das Betreten dieses Zimmers nicht gestattet.

Nach «нельзя́» in der Bedeutung «es ist nicht möglich, man kann nicht» steht meist der
v. Infinitiv. Verben, die eine andauernde Handlung ausdrücken, stehen nach «нельзя́» auch
im uv. Infinitiv:

Нельзя́ бы́ло откры́ть дверь, потому́ что я потеря́л ключ.	Ich **konnte** die Tür nicht öffnen, weil ich den Schlüssel verloren hatte.
В библиоте́ке мне нельзя́ бы́ло занима́ться. Все места́ бы́ли за́няты.	In der Bibliothek konnte ich nicht arbeiten. Alle Plätze waren besetzt.

§§ 169–172 Das Präsens (Gegenwart)

§ 169   Das Präsens wird nur von uv. Verben gebildet. Über die Präsensfunktion auch
v. Verben vgl. **§ 174 / Anm. 1.**
Für die Bildung der Präsensformen gibt es zwei Reihen von Konjugationsendungen, die
an den Präsensstamm treten. Dabei ist zu beachten, dass der Präsensstamm nicht immer
mit dem Infinitivstamm übereinstimmt.

Konjugationsendungen:

e-Konjugation (unbetont)	-у (-ю), -ешь, -ет, -ем, -ете, -ут (-ют)
e-Konjugation (betont)	-у́ (-ю), -ёшь, -ёт, -ём, -ёте, -у́т (-ют)
i-Konjugation	-у (-ю), -ишь, -ит, -им, -ите, -ат (-ят)

§ 170   e-Konjugation

1. Der Präsensstamm lautet auf einen Vokal aus[1] :

Infinitivstamm:	рабо́та-ть	выполня́-ть	уме́-ть
Präsensstamm:	рабо́та-ю	выполня́-ю	уме́-ю

Sg.	я	рабо́таю	выполня́ю	уме́ю
	ты	рабо́таешь	выполня́ешь	уме́ешь
	он			
	она́	рабо́тает	выполня́ет	уме́ет
	оно́			
Pl.	мы	рабо́таем	выполня́ем	уме́ем
	вы	рабо́таете	выполня́ете	уме́ете
	они́	рабо́таю т	выполня́ют	уме́ют
		(arbeiten)	(erfüllen)	(können)

Ebenso: чита́ть, де́лать, уезжа́ть, приезжа́ть, реша́ть, забыва́ть, открыва́ть, развива́ть, отвеча́ть, спра́шивать, гуля́ть, заменя́ть, объясня́ть, изменя́ть, укрепля́ть, применя́ть, име́ть, старе́ть u. a. m.

Anmerkung:

Bei **betonter** Endung tritt «ё» an Stelle von «e», z. B.: даю́, даёшь …, встаю́, встаёшь … usw.

2. Der Präsensstamm lautet auf einen Konsonanten aus (außer «j»):

Infinitivstamm:	ид-ти́	нес-ти́	вез-ти́	жда-ть
Präsensstamm:	ид-у́	нес-у́	вез-у́	жд-у

Sg.	я	иду́	несу́	везу́	жду
	ты	идёшь	несёшь	везёшь	ждёшь
	он				
	она́	идёт	несёт	везёт	ждёт
	оно́				
Pl.	мы	идём	несём	везём	ждём
	вы	идёте	несёте	везёте	ждёте
	они́	иду́т	несу́т	везу́т	ждут
		(gehen)	(tragen)	(befördern)	(warten)

[1] Diese Stämme lauten nur scheinbar auf einen Vokal aus; in Wirklichkeit enden sie auf **Vokal + «j»**, wobei sich das «j» mit den nachfolgenden Vokalen verbindet, z. B.: j + у → ю, j + a → я, j + ат → ят usw.

3. Verben mit Konsonanten- bzw. Vokalwechsel im Auslaut des Präsensstamms (vgl. hierzu auch §§ 32–36 und 43–44):

	1	2	3	4	5
	писа́ть	**ре́зать**	**паха́ть**	**класть**	**жить**
я	пишу́	ре́жу	пашу́	кладу́	живу́
ты	пи́шешь	ре́жешь	па́шешь	кладёшь	живёшь
он она́ оно́	пи́шет	ре́жет	па́шет	кладёт	живёт
мы	пи́шем	ре́жем	па́шем	кладём	живём
вы	пи́шете	ре́жете	па́шете	кладёте	живёте
они́	пи́шут	ре́жут	па́шут	кладу́т	живу́т
	(schreiben)	(schneiden)	(pflügen)	(legen)	(leben)

	6	7	8	9	10
	брать	**организова́ть**	**дава́ть**	**мыть**	**пить**
я	беру́	организу́ю	даю́	мо́ю	пью
ты	берёшь	организу́ешь	даёшь	мо́ешь	пьёшь
он она́ оно́	берёт	организу́ет	даёт	мо́ет	пьёт
мы	берём	организу́ем	даём	мо́ем	пьём
вы	берёте	организу́ете	даёте	мо́ете	пьёте
они́	беру́т	организу́ют	даю́т	мо́ют	пьют
	(nehmen)	(organisieren)	(geben)	(waschen)	(trinken)

Anmerkungen:

1. Nach der e-Konjugation werden die meisten Verben mit dem Infinitiv auf «**-ать (-ять)**» und «**-еть**», alle Verben auf «**-сти, -зти**» sowie alle **einsilbigen** Verben auf «**-ить**» (einschließlich der von ihnen abgeleiteten, wie z. B.: пить – вы́пить) konjugiert.

2. Verben auf «**-овать**» und «**-евать**» verändern im Stamm des Präsens das Suffix «-ов-» in «-у-» und «-ев-» in «-ю-».

3. Verben auf «**-авать**» stoßen im Stamm des Präsens das Suffix «-ва-» aus.

4. Bei der Konjugation der Verben auf «**-чь**» ist besonders auf die 1. Pers. Sg. und die 3. Pers. Pl. zu achten, z. B.:

мочь (können) – могу́, мо́жешь, мо́жет, мо́жем, мо́жете, мо́гут

печь (backen) – пеку́, печёшь, печёт, печём, печёте, пеку́т

5. Bei den **einsilbigen** Verben auf «**-ить**» wird der Stammvokal «-и-» zu «-ь-»:

пить (trinken) – пью, пьёшь, пьёт, пьём, пьёте, пьют

Ebenso bei: шить – nähen, лить – gießen, бить – schlagen, вить – winden u. a.

§ 171   i-Konjugation

1. Der Präsensstamm lautet auf einen Vokal[1] oder Konsonanten aus:

Infinitivstamm:		стоя́-ть	стро́и-ть	говори́-ть	лежа́-ть
Präsensstamm:		сто-ю́	стро́-ю	говор-ю́[2]	леж-у́

Sg.	я	стою́	стро́ю	говорю́	лежу́
	ты	стои́шь	стро́ишь	говори́шь	лежи́шь
	он она́ оно́	стои́т	стро́ит	говори́т	лежи́т
Pl.	мы	стои́м	стро́им	говори́м	лежи́м
	вы	стои́те	стро́ите	говори́те	лежи́те
	они́	стоя́т	стро́ят	говоря́т	лежа́т
		(stehen)	(bauen)	(sprechen)	(liegen)

2. Verben mit Konsonantenwechsel im Auslaut des Präsensstamms. (Vgl. hierzu auch §§ 32–36):

	1 ви́деть	2 чи́стить	3 гаси́ть	4 люби́ть	5 корми́ть
я	ви́жу	чи́щу	гашу́	люблю́	кормлю́
ты	ви́дишь	чи́стишь	га́сишь	лю́бишь	ко́рмишь
он она́ оно́	ви́дит	чи́стит	га́сит	лю́бит	ко́рмит
мы	ви́дим	чи́стим	га́сим	лю́бим	ко́рмим
вы	ви́дите	чи́стите	га́сите	лю́бите	ко́рмите
они́	ви́дят	чи́стят	га́сят	лю́бят	ко́рмят
	(sehen)	(reinigen)	(löschen)	(lieben)	(füttern)

Anmerkungen:

1. Nach der i-Konjugation werden alle **mehrsilbigen** Verben auf «-ить», alle Verben auf «-еть» (bei denen das auslautende «e» des Infinitivstamms im Präsens ausfällt) sowie einige Verben auf «-ать (-ять)» konjugiert.

2. Zum Unterschied von der e-Konjugation erfolgt **Konsonantenwechsel** hier nur in der **1. Pers. Sg.**

3. Endet der Präsensstamm auf «-б, -м, -в, -п» oder «-ф», so wird in der **1. Pers. Sg.** zwischen diesen Konsonanten und der Personalendung ein «-л-» eingefügt, z. B.: люби́ть – люблю́, aber: лю́бишь, лю́бит ... (lieben); спать – сплю, спишь, спит ... (schlafen) u. a. Vgl. hierzu auch § 36.
Bei Verben der e-Konjugation tritt dieser «-л-»-Einschub dagegen in allen Personen auf, z. B.: сы́пать – сы́плю, сы́плешь, сы́плет ... (schütten).

[1] Er lautet nur scheinbar auf einen Vokal aus, in Wirklichkeit endet er auf «j», z. B.: стоя́ть = стоj-. Vgl. hierzu § 170/1, Fußnote.

[2] Das «p» ist **weich** (говор′-), deshalb enden die 1. Pers. Sg. und die 3. Pers. Pl. auf «-ю» und «-ят» statt «-y» und «-ат».

§ 172   Zur Funktion des Präsens

Man unterscheidet im Allgemeinen zwischen dem aktuellen und dem nichtaktuellen Präsens. Während es beim **aktuellen** Präsens um eine Handlung geht, die zum Zeitpunkt der Äußerung **stattfindet bzw. andauert,** haben wir es beim nichtaktuellen Präsens mit Handlungen bzw. Geschehen zu tun, die nicht mit dem Zeitpunkt der Äußerung zusammenfallen. Mit dem nichtaktuellen Präsens können folglich **vergangene, zukünftige, mögliche, gewohnheitsmäßige** u. a. Handlungen ausgedrückt werden.

1. Beispiele für aktuelles Präsens:

Борис сидит в библиотеке и читает	Boris sitzt in der Bibliothek und liest.
Нина лежит на диване и спит.	Nina liegt auf dem Sofa und schläft.

2. Beispiele für nichtaktuelles Präsens:

На работу я всегда хожу пешком.	Zur Arbeit gehe ich immer zu Fuß. (*sich wiederholende, gewohnheitsmäßige Handlung*)
Я всегда встаю в шесть часов.	Ich stehe immer um 6 Uhr auf. (*sich wiederholende, gewohnheitsmäßige Handlung*)
Я уезжаю через неделю.	Ich fahre in einer Woche (ab). (*zukünftiges Geschehen*)
Завтра мы весь день занимаемся на заводе, а вечером идём в театр.	Morgen arbeiten wir den ganzen Tag im Werk (Betrieb), und am Abend gehen wir ins Theater.
Завтра я еду к Тане.	Morgen fahre ich zu Tanja.

Meist sind es Verben der Bewegung, und zwar die bestimmten (wie z. B.: идти, ехать, лететь u. a.), die auch in der Funktion zukünftiger Handlungen auftreten. Die unbestimmten Verben treten in dieser Funktion nur präfigiert auf, z. B.: уходить, уезжать, приезжать, прилетать u. a.

Mit der Präsensform werden auch **allgemein gültige Sachverhalte** ausgedrückt, **allgemeine Feststellungen**, **Eigenschaften** des Subjekts bzw. dessen **Fähigkeit** oder **Vermögen, eine bestimmte Handlung auszuführen:**

Волга впадает в Каспийское море.	Die Wolga mündet in das Kaspische Meer.
Давление воздуха измеряют барометром.	Den Luftdruck misst man mit einem Barometer.
С поверхности Земли испаряется за год около 500 000 м³ воды.	An der Erdoberfläche verdampfen in einem Jahr etwa 500 000 m³ Wasser.
Металлы обладают свойством хорошо проводить тепло.	Metalle besitzen die Eigenschaft, Wärme gut zu leiten.
Курт уже хорошо говорит по-русски.	Kurt spricht schon gut russisch.
Таня хорошо поёт.	Tanja kann gut singen.
Ребёнок уже ходит.	Das Kind kann schon laufen.

Das Präsens wird auch zur Wiedergabe vergangener Handlungen und Ereignisse gebraucht, besonders bei **lebhaften, anschaulichen Schilderungen:**

Возвращаюсь я вчера вечером с работы, иду по улице Пушкина, вдруг вижу Катю с Андреем.	Als ich gestern Abend von der Arbeit **kam** und die Puschkinstraße entlang ging, da **sah** ich plötzlich Katja mit Andrej.

Сижу́ я вчера́ в па́рке и чита́ю, вдруг подхо́дит ко мне молода́я, краси́вая де́вушка и спра́шивает, …	Ich saß gestern im Park und las, als plötzlich ein junges hübsches Mädchen auf mich zukam (an mich herantrat) und fragte, …

Oft beginnt dabei die Schilderung im Präteritum und geht dann zum Präsens über, z. B.:
«Сиде́л я вчера́ в па́рке и чита́л, вдруг подхо́дит ко мне молода́я, краси́вая де́вушка и спра́шивает, …»
Auch im Deutschen wird bei lebhaften Schilderungen häufig das Präsens gebraucht. Die Übersetzungen würden dann so beginnen: «Da komme ich (doch) gestern Abend von der Arbeit zurück, gehe die Puschkinstraße entlang und sehe plötzlich Katja mit Andrej.» Ähnlich könnte auch der zweite Satz wiedergegeben werden.

§§ 173–174 Das Futur (Zukunft)

§ 173   Das Russische besitzt zwei Futurformen, eine zusammengesetzte und eine einfache. Die zusammengesetzte Futurform wird von uv. Verben (Konjugationsformen von «быть» + uv. Infinitiv), die einfache von v. Verben gebildet. Der bedeutungsmäßige Unterschied beider Formen besteht lediglich in Bezug auf die Aspekte (vgl. §§ **161 u. 162**).

1. Beispiele für die zusammengesetzte Futurform von uv. Verben:

я	бу́ду			ich werde	
ты	бу́дешь			du wirst	
он		чита́ть		er	lesen
она́	бу́дет	писа́ть		sie ⎬ wird	schreiben
оно́		переводи́ть		es	übersetzen
мы	бу́дем	стро́ить		wir werden	bauen
вы	бу́дете	учи́ться		ihr werdet	lernen
они́	бу́дут			sie werden	

2. Beispiele für die einfache Futurform von v. Verben:

	(прочита́ть)	(написа́ть)	(перевести́)		
я	прочита́ю	напишу́	переведу́	ich werde	
ты	прочита́ешь	напи́шешь	переведёшь	du wirst	
он				er	lesen
она́	прочита́ет	напи́шет	переведёт	sie ⎬ wird	s chreiben
оно́				es	übersetzen
мы	прочита́ем	напи́шем	переведём	wir werden	
вы	прочита́ете	напи́шете	переведёте	ihr werdet	
они́	прочита́ют	напи́шут	переведу́т	sie werden	

Da die v. Verben keine besonderen Futurformen besitzen, üben die **Präsensendungen** diese Funktion aus.

Anmerkung:

Verben des v. Aspekts dürfen **niemals** mit den Konjugationsformen von «быть» verbunden werden.

§ 174   Zum Gebrauch des Futurs

Mit dem Futur bezeichnen wir eine Handlung, die nach dem Zeitpunkt der Rede bzw. Äußerung realisiert wird. Zur Funktion der beiden Futurformen vgl. auch die Funktion des uv. und v. Aspekts (**§§ 161 u. 162**).

Beispiele für uv. Futur:

Мы бу́дем учи́ть но́вые слова́ и выраже́ния.
Wir werden die neuen Wörter und Ausdrücke lernen.
(*Der Sprecher hat die Tätigkeit, den Handlungsverlauf, das Bemühen im Auge. Er sagt nichts über den Abschluss, das Ergebnis der Tätigkeit aus. Das wäre nur mit dem v. Futur möglich.*)

Когда́ я бу́ду писа́ть свою́ диссерта́цию, по вечера́м у меня́ бу́дет ма́ло вре́мени.
Wenn ich meine Dissertation schreiben werde, werde ich abends wenig Zeit haben.

Ты до́лго ещё бу́дешь одева́ться?
Wirst du dich (noch) lange anziehen?

Вы ещё ча́сто бу́дете е́здить в Ле́йпциг?
Werden Sie noch oft nach Leipzig fahren?
(*wiederholte Handlung*)`

А обе́дать вы бу́дете?
Und werden Sie zu Mittag essen?

Когда́ он прие́дет ко мне, мы вме́сте бу́дем реша́ть э́ту пробле́му.
Wenn er zu mir kommt, werden wir gemeinsam dieses Problem lösen. (*uns mit der Lösung beschäftigen*)

Beispiele für v. Futur:

Мы обяза́тельно вы́учим но́вые слова́ и выраже́ния.
Wir werden die neuen Wörter und Ausdrücke (ganz) bestimmt (er)lernen.
(*Der Sprecher betrachtet hier die Handlung nicht allein in ihrem Verlauf, sondern einschließlich ihrer Vollendung, d. h. die Vokabeln werden nicht nur gelernt, sondern auch bestimmt angeeignet.*)

Когда́ я напишу́ свою́ диссерта́цию, у меня́ опя́ть бу́дет бо́льше вре́мени по вечера́м.
Wenn ich meine Dissertation geschrieben (abgeschlossen) habe, werde ich abends wieder mehr Zeit haben.

Нет, я сейча́с оде́нусь.
Nein, ich bin gleich angezogen.

Нет, я пое́ду туда́ то́лько ещё оди́н раз.
Nein, ich fahre nur noch einmal dorthin.
(*einmalige Handlung*)

Да, я пообе́даю, а пото́м пое́ду.
Ja, ich werde zu Mittag essen und dann fortfahren.

Когда́ он прие́дет ко мне, мы вме́сте оконча́тельно реши́м э́ту пробле́му.
Wenn er zu mir kommt, werden wir dieses Problem gemeinsam endgültig lösen.

Anmerkungen:

1. Die **v. Futurform** tritt auch relativ häufig in der Bedeutung eines **nichtaktuellen Präsens** auf (vgl. **§ 172/2**), z. B.:

Он всегда́ найдёт вы́ход.
Er **findet** immer einen Ausweg.

Он реши́т любу́ю зада́чу.
Er löst jede (beliebige) Aufgabe.

Он в любо́е вре́мя придёт на по́мощь.
Er kommt zu jeder beliebigen Zeit zu Hilfe.

Она́ всегда́ что́-нибудь разобьёт.
Sie schlägt immer etwas entzwei.

Я никáк не откро́ю окно́.
Es ist mir einfach unmöglich, das Fenster zu öffnen.

Его́ никáк не поймёшь.
Man kann ihn einfach nicht verstehen.

Сло́во не воробе́й: вы́летит, не пойма́ешь.
Ein übereiltes Wort lässt sich nicht zurücknehmen.

Сиди́т, сиди́т он, да вдруг вспо́мнит что́-то, вста́нет и уйдёт.	Er sitzt und sitzt, und da fällt ihm plötzlich etwas ein, er steht auf und geht fort.
Огонёк то вспы́хнет, то сно́ва пога́снет.	Mal lodert das Feuer auf, mal ist es am Erlöschen.

2. Die v. Futurform wird auch zur Darstellung von Handlungen und Ereignissen verwendet, die sich in der **Vergangenheit** abgespielt haben:

Ва́ля **сиде́ла** всё вре́мя споко́йно, да вдруг как вско́чит и запла́чет.	Walja **saß** die ganze Zeit ruhig da, plötzlich **springt** sie auf und **heult los** (*oder:* … plötzlich sprang sie auf und heulte los).
Я давно́ уже́ написа́л э́то письмо́, да ника́к не отпра́влю.	Ich habe den Brief schon längst geschrieben, aber es ist (war) mir einfach nicht möglich, ihn abzuschicken.

§§ 175–176 Das Präteritum (Vergangenheit)

§ 175   Das Russische besitzt nur **eine** Vergangenheitsform, das Präteritum. Diese Vergangenheitsform entspricht den drei deutschen Vergangenheitsformen (Imperfekt, Perfekt, Plusquamperfekt). Zur Bildung des Präteritums:

1. Lautet der Infinitivstamm uv. und v. Verben auf einen **Vokal** aus, so wird die Infinitivendung «-ть» durch «-л, -ла, -ло, -ли» ersetzt:

Infinitiv	Präteritum m. я, ты, он	f. я, ты, она́	n. оно́	Pl. мы, вы, они́
лежа́ть	лежа́л	лежа́ла	лежа́ло	лежа́ли
рабо́тать	рабо́тал	рабо́тала	рабо́тало	рабо́тали
сиде́ть	сиде́л	сиде́ла	сиде́ло	сиде́ли
име́ть	име́л	име́ла	име́ло	име́ли
стоя́ть	стоя́л	стоя́ла	стоя́ло	стоя́ли
стро́ить	стро́ил	стро́ила	стро́ило	стро́или
сто́ить	сто́ил	сто́ила	сто́ило	сто́или

2. Lautet der Infinitivstamm uv. und v. Verben auf einen **Konsonanten** aus, so **schwindet** bei vielen Verben das «-л» der männlichen Form des Präteritums:

Infinitiv	Präteritum m. я, ты, он	f. я, ты, она́	n. оно́	Pl. мы, вы, они́
нести́	**нёс**	несла́	несло́	несли́
везти́	вёз	везла́	везло́	везли́

Auch einige Verben auf «-нуть» verlieren das «-л» der männlichen Form des Präteritums, z. B.: дости́**гнуть** – **дости́г**, дости́гла, дости́гло, дости́гли (erreichen), исче́знуть – исче́з, исче́зла, исче́зло, исче́зли (verschwinden), привы́кнуть – привы́к, привы́кла, привы́кло привы́кли (sich gewöhnen), поги́бнуть – поги́б, поги́бла, поги́бло, поги́бли (zugrunde gehen) u. a.

3. Einige **unregelmäßige Bildungen** des Präteritums:

вести́	– вёл, вела́, вело́, вели́	(führen)
цвести́	– цвёл, цвела́, цвело́, цвели́	(blühen)
проче́сть	– прочёл, прочла́, -ло́, -ли́	(durchlesen)
изобрести́	– изобрёл, изобрела́, -ло́, -ли́	(erfinden)
приобрести́	– приобрёл, приобрела́, -ло́, -ли́	(erwerben, kaufen)
класть	– клал, кла́ла, -ло, -ли	(legen)
мочь	– мог, могла́, -ло́, -ли́	(können)
помо́чь	– помо́г, помогла́, -ло́, -ли́	(helfen)
печь	– пёк, пекла́, -ло́, -ли́	(backen)
влечь	– влёк, влекла́, -ло́, -ли́	(ziehen)
расти́	– рос, росла́, -ло́, -ли́	(wachsen)
идти́	– шёл, шла, шло, шли	(gehen) u. a.

§ 176   Zum Gebrauch des Präteritums

Mit dem Präteritum bezeichnen wir grundsätzlich Handlungen, die vor dem Zeitpunkt der Rede liegen. Während mit dem Präteritum des **v.** Aspekts immer **konkrete, zeitlich begrenzte, abgeschlossene** und meist auch **einmalige** Handlungen bezeichnet werden, hat das Präteritum des **uv.** Aspekts die Funktion, vergangene Handlungen in ihrem **Verlauf,** ihrer **Entwicklung, Fortdauer, Wiederholung** bzw. in ihrem **gewohnheitsmäßigen Ablauf** darzustellen.

1. Beispiele für uv. Präteritum:

Вы чита́ли э́ту статью́?
Haben Sie diesen Artikel gelesen?
Да, я чита́л
Ja, ich habe ihn gelesen.
(*Hier wird nur die Tatsache konstatiert, dass gelesen worden ist. Über die Vollendung wird nichts ausgesagt.*)

Мы почти́ весь день сиде́ли в библио-
те́ке и переводи́ли э́тот текст.
Wir saßen fast den ganzen Tag in der
Bibliothek und übersetzten den Text.
(*waren damit beschäftigt, hatten damit
zu tun*)

Кто шил тебе́ э́то пла́тье?
Wer hat dir dieses Kleid genäht?
Моя́ мать ши́ла его́.
Meine Mutter hat es genäht.
(*Hier liegt eine abgeschlossene Handlung
zwar vor, denn das Kleid ist ja fertig, aber
den Sprecher interessiert nicht das Ergebnis,
sondern nur die Person, die das Kleid ge-
näht hatte.*)

Beispiele für v. Präteritum:

Вы прочита́ли э́ту статью́?
Haben Sie diesen Artikel (durch)gelesen?
Да, я прочита́л
Ja, ich habe ihn (durch)gelesen.
(*Die Handlung liegt hier in ihrer Vollendung,
ihrem Abschluss vor.*)

В конце́ концо́в мы перевели́ э́тот текст.

Schließlich haben wir den Text übersetzt.
(*beendet, die Übersetzung zu Ende geführt*)

Кто так хорошо́ сшил тебе́ э́то пла́тье?
Wer hat dir dieses Kleid so schön genäht?
Моя́ мать сши́ла его́.
Meine Mutter hat es genäht.
(*Hier wird zwar auch nach der Person ge-
fragt, die das Kleid genäht hat, gleichzeitig
aber richtet der Sprecher sein Augenmerk auf
die Vollendung der Handlung und deren gute
Ausführung.*)

2. Besondere Aufmerksamkeit verdient der Gebrauch des Präteritums des **uv. Aspekts** solcher **Verben wie:** открыва́ть – öffnen, закрыва́ть – schließen, брать – nehmen, дава́ть – geben, приходи́ть – kommen, уходи́ть – fortgehen, встава́ть – aufstehen, ложи́ться – sich legen, сади́ться – sich setzen u. a.

Das Präteritum drückt hier zum Unterschied vom Präteritum des v. Aspekts dieser Verben eine zeitlich begrenzte, abgeschlossene Handlung in der Vergangenheit aus, der gegenüber inzwischen aber wieder der a l t e Zustand hergestellt ist, z. B.:

Кто открыва́л окно?	Кто откры́л окно́?
Wer hatte das Fenster geöffnet?	Wer hat das Fenster geöffnet?
(*Das Fenster wurde von jemandem geöffnet, ist aber zum Zeitpunkt der Rede wieder geschlossen.*)	(*Das Fenster wurde geöffnet und ist zum Zeitpunkt der Rede noch offen.*)
Бори́с брал у меня́ э́ту статью́.	Бори́с взял у меня́ э́ту статью́.
Boris hatte sich diesen Artikel geholt. (*und hat ihn wieder zurückgegeben*)	Boris hat sich diesen Artikel geholt. (*und hat ihn noch*)
Почему́ вы встава́ли? Ведь я запрети́л вам встава́ть.	Почему́ вы вста́ли? Ведь я запрети́л вам встава́ть.
Warum waren Sie aufgestanden? Ich hatte Ihnen doch untersagt aufzustehen. (*Der Patient war aufgestanden, liegt aber wieder.*)	Warum sind Sie aufgestanden? Ich hatte Ihnen doch untersagt aufzustehen. (*Der Patient ist aufgestanden und hat sich noch nicht wieder hingelegt.*)

Für das Präteritum des **v. Aspekts** dieser Verben ist charakteristisch, dass das Ergebnis der vor dem Zeitpunkt der Rede ausgeführten Handlung auch noch in der Gegenwart n a c h - w i r k t, z. B.:

Я забы́л а́дрес и не могу́ отпра́вить письмо́.	Ich habe die Adresse vergessen und kann (*daher*) den Brief nicht abschicken.
Ты откры́л окно́, и тепе́рь сквози́т.	Du hast das Fenster geöffnet und jetzt zieht es.
Ка́тя заболе́ла и поэ́тому не посеща́ет ле́кций и семина́ров.	Katja ist erkrankt und besucht daher nicht die Vorlesungen und Seminare.

Diesem perfektiven Präteritum können auch weitere Handlungen im perfektiven Präteritum oder im imperfektiven Präteritum bzw. im Futur folgen, z. B.:

Я встал, побри́лся, при́нял душ, оде́лся, поза́втракал и уе́хал.	Ich stand auf, rasierte mich, duschte, zog mich an, frühstückte und fuhr fort.
Я влюби́лся в неё и ду́мал то́лько о ней.	Ich habe mich in sie verliebt und dachte nur noch an sie.
Не́бо потемне́ло, сейча́с пойдёт дождь.	Der Himmel ist dunkel geworden (hat sich verfinstert), es wird gleich regnen.

3. Bei der **Verneinung** wird häufig das Präteritum im **uv. Aspekt** gebraucht, z. B.:

Она́ уже́ **пришла́**?	Нет, она́ ещё не приходи́ла
Ist sie schon gekommen?	Nein, sie ist noch nicht gekommen.
Ты спроси́л его́?	Нет, не спра́шивал.
Hast du ihn gefragt?	Nein, ich habe ihn nicht gefragt.
Ты взял э́ту кни́гу?	Нет, не брал её.
Hast du dieses Buch genommen?	Nein, ich habe es nicht genommen.

Mit dem uv. Aspekt wird hier eine kategorische Verneinung oder aber auch eine erwartete, jedoch längere Zeit ausgebliebene, nicht eingetretene Handlung ausgedrückt, z. B.:

Борис до́лго не писа́л нам. Мы давно́ не получа́ли от него́ пи́сем.	Boris hat uns lange nicht geschrieben. Wir haben schon lange keine Post mehr von ihm erhalten.

Bei erwarteten Handlungen, die noch nicht eingetreten sind, jedoch mit Sicherheit eintreten werden, kann man sowohl den uv. als auch den v. Aspekt gebrauchen, z. B.:

Он уже́ **верну́л** мою́ кни́гу?	Нет, ещё не верну́л (не возвраща́л)
Hat er mein Buch schon zurückgebracht?	Nein, noch nicht.
Ты уже́ купи́л газе́ту?	Нет, ещё не купи́л (не покупа́л).
Hast du die Zeitung schon gekauft?	Nein, noch nicht.

4. Besondere Beachtung verdienen bei der Darstellung einer Handlung im Präteritum auch die umgangssprachlich gefärbten Partikeln «быва́ло» und «бы́ло».
Während **«быва́ло»** in Verbindung mit Verben im Präsens, im uv. Präteritum oder im v. Futur **wiederholte Handlungen** in der Vergangenheit unterstreicht, signalisiert die Partikel **«бы́ло»** eine in der Vergangenheit **unterbrochene Handlung**:

Быва́ло, соберу́тся в кафе́ и до́лго сидя́т и бесе́дуют.	Mitunter kamen sie im Café zusammen, saßen dort lange und unterhielten sich.
Быва́ло, зайду́ я за ней, и пойдём мы гуля́ть.	Früher holte ich sie zuweilen ab und wir gingen spazieren (um spazieren zu gehen).
Ся́дешь, быва́ло, и начнёшь чита́ть.	Mitunter setzte ich mich (hin) und begann zu lesen.
Быва́ло, я ча́сто е́здил в Москву́.	Früher bin ich oft nach Moskau gefahren.
Мы рабо́тали, быва́ло, вме́сте.	Häufig arbeiteten wir zusammen.
Я пошёл бы́ло в кино́, но заме́тил, что забы́л до́ма биле́т, и верну́лся.	Auf dem Wege zum Kino bemerkte ich, dass ich die Eintrittskarte zu Hause liegen lassen hatte, und kehrte um.

5. Mit der Partikel **«возьми́»**, meist in Verbindung mit **«да и»**, wird eine **plötzliche und unerwartete Handlung** in der Vergangenheit bezeichnet, z. B.:

Я пошла́ к нему́ записа́ться на консульта́цию, а он вдруг возьми́ да и пригласи́ меня́ к себе́.	Ich ging zu ihm, um mich zu einer Konsultation anzumelden, und er lud mich doch gleich zu sich nach Hause ein.
Все должны́ бы́ли молча́ть, а он возьми́ да и заговори́.	Alle sollten schweigen, aber er begann doch zu sprechen. (*er konnte es einfach nicht lassen, er sprach doch*)

Das die unerwartete Handlung bezeichnende Verb steht hier immer im **Imperativ**.

§ 177 Der Konjunktiv (Möglichkeitsform)

Der Konjunktiv wird im Russischen durch Verbindung der **Vergangenheitsform** uv. und v. Verben mit der Partikel **«бы»** (nach Vokalen auch zu «б» verkürzt) gebildet und bezieht sich je nach dem Sinn des Satzes auf alle drei Zeiten (Präsens, Präteritum oder Futur):

Vergangen-heitsform	Konjunktiv m. я, ты, он	f. я, ты, она́	n. оно́	Pl. мы, вы, они́
рабо́тал	рабо́та л бы	рабо́та ла бы	рабо́та ло бы	рабо́та ли бы
пришёл	пришёл бы	пришла́ бы	(пришло́ бы)	пришли́ бы
ко́нчил	ко́нчил бы	ко́нчила бы	ко́нчило бы	ко́нчили бы
пое́хал	пое́хал бы	пое́хала бы	(пое́хало бы)	пое́хали бы

Anmerkungen:

1. «**Бы**» steht in der Regel **hinter dem Verb** im Präteritum. Es kann jedoch auch hinter jedem anderen Wort stehen, wenn dieses **hervorgehoben** werden soll, z. B.:

Я охо́тно пое́хал бы туда́.	Ich würde gern dorthin fahren.
Я бы охо́тно пое́хал туда́.	**Ich** würde gern dorthin fahren.

2. Treten im Satz die Konjunktionen «**е́сли, то́лько, хотя́, что**» u. a. auf, so wird «бы» unmittelbar hinter diese Wörter gesetzt, wobei «что» mit «бы» sogar zu «что́бы» verschmilzt, z. B.:

Е́сли бы я всё э́то знал, я не пришёл бы.	Hätte ich das alles gewusst, (so) wäre ich nicht gekommen.
Я попроси́л его́, что́бы он ве́чером позвони́л.	Ich hatte ihn gebeten, abends anzurufen (dass er abends anrufen möchte).

3. In der **indirekten Rede** wird im Russischen zum Unterschied vom Deutschen **nicht der Konjunktiv** gebraucht, z. B.:

Он писа́л мне, **что** не пое́дет с на́ми.	Er schrieb mir, dass er nicht mit uns fahren **werde**.
Она́ сказа́ла, что он пойдёт к врачу́.	Sie sagte, dass er zum Arzt gehen werde.
Я ду́мал, что он инжене́р.	Ich dachte, er sei Ingenieur.

4. In **unpersönlichen Sätzen** steht «бы» mit dem **Infinitiv**, z. B.:

Пое́хать бы на мо́ре!	Könnte man doch ans Meer fahren!
Хорошо́ бы погуля́ть по го́роду!	Es wäre schön, in der Stadt spazieren zu gehen!

§§ 178–180 Der Imperativ (Befehlsform)

§ 178   Der Imperativ wird vom Präsensstamm (bei uv. Verben) und vom Stamm des einfachen Futurs (bei v. Verben) gebildet, indem die Endung der **3. Pers. Pl.** bei vokalisch auslautenden Stämmen durch «-й» (Pl. «-йте») und bei auf einen oder mehrere Konsonanten auslautenden Stämmen durch «-и» (Pl. «-ите») bzw .«-ь» (Pl. «-ьте») ersetzt wird. Bei Verben auf «-ся» lauten die Endungen der Imperativformen «-йся / -йтесь, -ись / -итесь, -ься / -ьтесь».

Beispiele:

1. Imperativform auf «-й / -йте»:

Der Präsens- oder Futurstamm lautet auf einen **Vokal**[1] aus, z. B.:

читáть	→ Читáй!	Lies!
читáю / читáют	Читáйте!	Lesen Sie! Lest!
занимáться	→ Занимáйся!	Beschäftige dich! Arbeite!
занимáюсь /	Занимáйтесь!	Beschäftigen Sie sich! Arbeiten Sie!
занимáются		Beschäftigt Euch! Arbeitet!

Ebenso: рабóтать, слýшать, покупáть, принимáть, расскáзывать, интересовáться, (-сýйся / -сýйтесь), открывáть, дéлать, сдéлать, прорабóтать, закрывáть, приезжáть, уезжáть, организовáть (-зýй / -зýйте), воспитáть, откры́ть, стрóить, выполня́ть, стоя́ть, отдыхáть u. a.

2. Imperativform auf «-и / -ите»:

Der Präsens- oder Futurstamm lautet auf einen **Konsonanten** aus und die **1. Pers. Sg.** ist **endbetont**, z. B.:

| говори́ть | → Говори́! | Sprich! |
| говорю́ / говоря́т | Говори́те! | Sprechen Sie! Sprecht! |

Ebenso: реши́ть, повтори́ть, писáть, написáть, держáть, показáть, рассказáть, смотрéть, посмотрéть, купи́ть, положи́ть, отдохнýть, люби́ть, сидéть, лежáть, спать, ходи́ть, выходи́ть, приходи́ть, идти́, прийти́, сади́ться (-и́сь / -и́тесь) u. a.

Ist die 1. Pers. Sg. nicht endbetont, der Stamm lautet aber auf **mehrere Konsonanten** aus, so gilt die gleiche Regel, z. B.:

кóнчить	→ Кóнчи!	Beende! Mach Schluss!
кóнчу / кóнчат	Кóнчите!	Benden Sie! Machen Sie Schluss!
		Beendet! Macht Schluss!

Auch v. Verben mit dem immer betonten **Präfix «вы́-»** und Stammauslaut auf einen oder mehrere Konsonanten bilden diese Imperativform, z. B.:

| вы́йти | → Вы́йди! | Geh hinaus! |
| вы́йду / вы́йдут | Вы́йдите! | Gehen Sie hinaus! Geht hinaus! |

Ebenso: вы́полнить, вы́яснить, вы́бросить u. a.

3. Imperativform auf «-ь / -ьте»:

Der Präsens- oder Futurstamm lautet auf einen **Konsonanten** aus und die **1. Pers. Sg.** ist **nicht endbetont**, z. B.:

встать	→ Встань!	Steh auf!
встáну / встáнут	Встáньте!	Stehen Sie auf! Steht auf!
одéться	→ Одéнься!	Zieh dich an!
одéнусь / одéнутся	Одéньтесь!	Ziehen Sie sich an! Zieht euch an!

Ebenso: одéть, надéть, раздéть, раздéться, забы́ть, брóсить, отвéтить, постáвить, испрáвить, подготóвить, провéрить, повéсить, рéзать u. a.

---

[1] Diese Stämme lauten nur scheinbar auf einen Vokal aus, in Wirklichkeit jedoch auf den Konsonanten «ϳ» (vgl. hierzu auch **§ 170**).

110

Anmerkungen:

1. Die **Betonung** der Imperativform richtet sich in der Regel nach der Betonung der 1. Pers. Sg.

2. Die **einsilbigen Verben** auf «-ить» sowie deren Zusammensetzungen bilden die Imperativform mit «-е-»-Einschub, z. B.:

пить (trinken) – Пей! Пейте!, лить (gießen) – Лей! Лейте, шить (nähen) – Шей! Шейте!, бить (schlagen) – Бей! Бейте! u. a.

3. Die Verben auf «-авать» sowie das Verb «дать» (geben) und dessen Zusammensetzungen bilden die Imperativform vom Infinitivstamm, z. B.:

давать (geben) – Давай! Давайте!, вставать (aufstehen) – Вставай! Вставайте!, узнавать (erkennen, erfahren) – Узнавай! Узнавайте!, издавать (herausgeben, verlegen) – Издавай! Издавайте!, дать (geben) – Дай! Дайте!, отдать (abgeben) – Отдай! Отдайте! u. a.

4. Die Imperativform von «сыпать (schütten, streuen)» und dessen Zusammensetzungen lautet Сыпь! Сыпьте!

5. Zu «ехать (fahren)» und «есть (essen)» lauten die Imperativformen: Поезжай! Поезжайте!, Ешь! Ешьте!

§ 179   Zum Gebrauch des Imperativs

1. Eine Bitte oder Aufforderung zur Ausführung einer **einmaligen** Handlung wird meist mit dem Imperativ des **v. Aspekts** ausgedrückt, z. B.: Дай(те), пожалуйста! Открой(те)! Принеси(те)! Поставь(те)!

2. Die Bitte oder Aufforderung, eine bestimmte Handlung **zu beginnen oder fortzusetzen,** drückt man in der Regel mit dem Imperativ des **uv. Aspekts** aus, z. B.: Пиши(те)! Читай(те)! Читай(те) дальше! Слушай(те) ещё раз!

Dasselbe gilt auch bei **Modifizierung** der Handlung, z. B.: Читай(те) быстрее! Говори(те) громче!

Mit den Partikeln «же» und «ну» kann die Aufforderung zum Beginn der Handlung **verstärkt** werden, z. B.: Ну, говори(те) же! – (Nun) Sprechen Sie doch! Ну, читай(те) же! – (Nun) Lesen Sie doch!

3. Auch eine Bitte im Sinne einer **höflichen Einladung** wird in der Regel mit dem Imperativ im **uv. Aspekt** ausgedrückt, z. B.: Приходи(те) в гости! Садитесь, пожалуйста! Проходи(те), пожалуйста! Приезжай(те) к нам!

Der v. Aspekt würde hier eher schroff und befehlend klingen. Bei manchen Verben wirkt aber auch umgekehrt der v. Aspekt höflicher und einladender.

4. Wird der Imperativ **verneint,** so wird in der Regel ebenfalls der **uv. Aspekt** gebraucht, z. B.:

Откройте, пожалуйста, окно!	Не открывайте, пожалуйста, окна!
Купи этот журнал!	Не покупай этого журнала!
Расскажи нам о твоей поездке!	Не рассказывай о твоей поездке!

Der **v.** Aspekt hätte in diesen Situationen mehr vorbeugenden, warnenden, belehrenden Charakter, z. B.: Не забудь закрыть окно! Не потеряй ключ! Не опоздайте! Смотри, не упади!

Verstärkt wird diese **Warnung** bzw. Belehrung durch die Partikel «смотри(те)», z. B.:

Смотри, не забудь!	Pass auf, vergiss (es) nicht!
Смотрите, не опоздайте!	Achten Sie darauf, dass Sie sich nicht verspäten! Kommen Sie nicht zu spät!

5. Bezieht sich die Warnung auf eine bereits vorgekommene **unerwünschte Handlung,** die sich nicht wiederholen soll, so wird in der Regel der **uv.** Aspekt verwendet. Auch hier tritt häufig die Partikel «смотри(те)» auf:

Смотри, не приходи больше!	Am besten, du kommst nicht mehr!
Смотрите, не опаздывайте больше!	Achten Sie darauf, dass Sie nicht wieder zu spät kommen!

§ 180   Einige besondere Erscheinungsformen des Imperativs

1. Die **1. Pers. Pl.** einiger v. und uv. Verben (Verben der Bewegung) in der Funktion einer **Aufforderung,** z. B.:

Пойдём! Пойдёмте!	Gehn wir! Lasst uns gehen!
Идём(те)! (*lebhafte Aufforderung*)	Lasst uns gehen! (Nun) Los, gehen wir!
Идём(те) купаться!	Lasst uns baden gehen! Gehen wir baden!

Diese Art Aufforderung kann auch mit «давай / давайте» in Verbindung mit der 1. Pers. Pl. des v. Futurs bzw. mit dem uv. Infinitiv ausgedrückt werden. Auch die **Vergangenheitsform** einiger Verben kann diese Funktion ausüben, z. B.:

Давай ⎫ читать! Давайте ⎭	Los, lesen wir! Lesen wir! Lasst uns lesen!
Давай(те) начнём читать!	Beginnen wir zu lesen!
Давай(те) продолжим беседу!	Setzen wir die Unterhaltung fort!

Пошёл!	Geh! Los! Vorwärts!
Пошёл вон!	Scher dich fort!
Пошли!	Gehen wir! Geht! Los!
Поехали!	Fahrt! Fahrt los! Fahren wir (los)!
Кончили!	Schluss jetzt! Machen wir Schluss!

2. Die Partikel «пусть» und «пускай» in der Bedeutung «mögen» bzw. «sollen», verbunden mit der 3. Pers. des Präsens oder Futurs, z. B.:

Пусть (он) сидит!	Soll (möge) er sitzen!
Пусть (они) войдут!	Sollen sie kommen (eintreten)!
Пусть он подождёт!	Soll er warten!
Пусть делает, что угодно!	Soll er tun, was er will!
Пускай (он) поедет!	Soll er fahren!

3. Der **Infinitiv** in der Funktion des Imperativs, allerdings meist mit sehr kategorischer Bedeutung, z. B.:

Не кури́ть!	Nicht rauchen!
Молча́ть!	Ruhe!
Не шуме́ть!	Nicht lärmen!

4. Der **Konjunktiv** in der Funktion des Imperativs, z. B.:

Ты бы лу́чше оста́лся здесь!	Du solltest lieber hier bleiben!
Вы бы лу́чше молча́ли!	Sie sollten lieber schweigen!

§§ 181–182 Verben auf «-ся» (nach Vokalen «-сь»)

§ 181   Die Partikel «-ся» übt unterschiedliche Funktionen aus:

1. Bildung reflexiver Verben:

Durch Anfügen der Partikel «-ся» an ein transitives Verb wird dieses intransitiv, z. B.:

мыть *uv.*	waschen	–	мы́ться	**sich** waschen
одева́ть *uv.*	anziehen	–	одева́ться	sich anziehen
(оде́ть *v.*)		–	(оде́ться)	
защища́ть *uv.*	verteidigen	–	защища́ться	sich verteidigen
(защити́ть *v.*)		–	(защити́ться)	
раздева́ть *uv.*	ausziehen	–	раздева́ться	sich ausziehen
(разде́ть *v.*)		–	(разде́ться)	

2. Manche Verben auf «-ся» drücken eine gewisse Gegenseitigkeit aus, z. B.:

встреча́ть *uv.*	treffen	–	встреча́ться	**sich** treffen
(встре́тить *v.*)		–	(встре́титься)	
целова́ть *uv.*	küssen	–	целова́ться	sich küssen
(поцелова́ть *v.*)		–	(поцелова́ться)	
знако́мить *uv.*	bekannt machen	–	знако́миться	sich bekannt machen
(познако́мить *v.*)		–	(познако́миться)	

3. Mit «-ся» kann von uv. transitiven Verben ein **Passiv** gebildet werden, z. B.:

чита́ть	Кни́га чита́ется.	Das Buch **wird** gelesen.
lesen	Кни́га чита́лась.	Das Buch **wurde** gelesen.
	Кни́га бу́дет чита́ться	Das Buch **wird** gelesen **werden.**
разраба́тывать ausarbeiten, erarbeiten	Прое́кт разраба́тывается.	Der Entwurf wird erarbeitet.
	Прое́кт разраба́тывался.	Der Entwurf wurde erarbeitet.
	Прое́кт бу́дет разраба́тываться.	Der Entwurf wird erarbeitet werden.

4. Die Partikel «-ся» kann einem uv. oder v. transitiven Verb **intransitive** Bedeutung verleihen, z. B.:

начина́ть *uv.*	Ле́кция начина́ется.	Die Vorlesung beginnt.
beginnen		
нача́ть *v.*	Ле́кция начала́сь.	Die Vorlesung hat begonnen.
	Ле́кция начнётся.	Die Vorlesung wird beginnen.

Anmerkung:

Einige Verben sind im Russischen reflexiv, im Deutschen dagegen nicht reflexiv und umgekehrt. Vgl. z. B.:

боро́ться – kämpfen, учи́ться – lernen; отдыха́ть – sich erholen, разгова́ривать – sich unterhalten u. a.

§ 182   **Zur Konjugation und zum Formenbestand der Verben auf «-ся»**

Die Verben auf «-ся» bilden die einzelnen Verbalformen wie normale Verben, z. B.:

Infinitiv:	одева́ться *uv.* / оде́ться *v.*
Präsens:	одева́юсь, -ешься, -ется, -емся, -етесь, -ются
Futur: *uv.*	бу́ду одева́ться, бу́дешь одева́ться …
v.	оде́нусь, -ешься, -ется, -емся, -етесь, -утся
Präteritum: *uv.*	одева́лся, -лась, -лось, -лись
v.	оде́лся, -лась, -лось, -лись
Konjunktiv: *uv.*	одева́лся бы, одева́лась бы …
v.	оде́лся бы, оде́лась бы …
Imperativ: *uv.*	Одева́йся! Одева́йтесь!
v.	Оде́нься! Оде́ньтесь!

§§ 183–186 Das Partizip Präsens Aktiv

§ 183   Wie das Deutsche, so besitzt auch das Russische Partizipien (Mittelwörter), die Merkmale sowohl des Verbs als auch des Adjektivs aufweisen.
Gebildet wird das russische Part. Präs. Akt. von **uv. Verben**, indem das auslautende «-т» der **3. Pers. Pl. Präs.** durch «-щ-» + adjektivische Endung ersetzt wird:

Infinitiv / 3. Pers. Pl.	Part. Präs. Akt.	
чита́ть / чита́ют	чита́ющий студе́нт чита́ющая студе́нтка чита́ющие студе́нты	der lesende Student die lesende Studentin die lesenden Studenten
лежа́ть / лежа́т	лежа́щий, -ая, -ее; -ие	liegender (-e, -es; -e)
сиде́ть / сидя́т	сидя́щий, -ая, -ее; -ие	sitzender (-e, -es; -e)

Infinitiv / 3. Pers. Pl.	Part. Präs. Akt.	
учи́ться / у́чатся	уча́щийся, -аяся, -ееся; -иеся	lernender (-e, -es; -e)
одева́ться / одева́ются	одева́ющийся, -аяся, -ееся; -иеся	sich anziehender (-e, -es; -e)

§ 184 Deklination des Part. Präs. Akt.

Dekliniert wird das Part. Präs. Akt. wie ein **Adjektiv**, dessen Stamm auf einen Zischlaut endet:

	чита́ющий студе́нт		чита́ющие студе́нты	
(у)	-его	-а	-их	-ов
(к)	-ему	-у	-им	-ам
	-его	-а	-их	-ов
(с)	-им	-ом	-ими	-ами
(о)	-ем	-е	-их	-ах
	(der lesende Student)		(lesende Studenten)	

	прибыва́ющая делегация		прибыва́ющие го́сти	
(у)	-ей	-и	-их	-ей
(к)	-ей	-и	-им	-ям
	-ую	-ю	-их	-ей
(с)	-ей	-ей	-ими	-ями
(о)	-ей	-и	-их	-ях
	(die ankommende Delegation)		(ankommende Gäste)	

Zusammenfassung der Deklinationsendungen des Part. Präs. Akt.:

Sg. m.		n.	f.	Pl.
рабо́тающий		-ее	-ая	-ие
	-его		-ей	-их
	-ему		-ей	-им
wie N. od. G.		-ее	-ую	N. od. G.
	-им		-ей	-ими
	-ем		-ей	-их
находя́щийся		-ееся	-аяся	-иеся
	-егося		-ейся	-ихся
	-емуся		-ейся	-имся
wie N. od. G.		-ееся	-уюся	N. od. G.
	-имся		-ейся	-имися
	-емся		-ейся	-ихся

§ 185   Zum Gebrauch des Part. Präs. Akt.

Das Part. Präs. Akt. wird im Satz als **Attribut** (Beifügung) verwendet und kann dem Substantiv v o r a n - oder n a c h gestellt werden, z. B.:

Рабо́тающий на на́шем заво́де **инжене́р** получи́л пре́мию.	Ein in unserem Werk arbeitender Ingenieur hat eine Prämie bekommen.
Инжене́р, рабо́тающий на на́шем заво́де, получи́л пре́мию.	Ein Ingenieur, der in unserem Werk arbeitet, hat eine Prämie bekommen.

Diese russischen Satzkonstruktionen mit einem Partizip gehören der Schriftsprache an. Sie können jederzeit mit einem Relativpronomen aufgelöst werden, z. B.:

Применя́ющие но́вые ме́тоды труда́ рабо́чие всегда́ выполня́ют свои́ зада́ния.

Рабо́чие, применя́ющие но́вые ме́тоды труда́, всегда́ выполня́ют свои́ зада́ния.

Рабо́чие, **кото́рые применя́ют** но́вые ме́тоды труда́, всегда́ выполня́ют свои́ зада́ния.

Beachten Sie das **Komma** bei nachgestellten Partizipien!

Anmerkungen:

1. Das Part. Präs. Akt. richtet sich in Genus, Numerus und Kasus nach dem Substantiv, dessen Attribut es ist, z. B.:

Я говори́л с инжене́ром, рабо́тающим на на́шем заво́де.
Ich sprach mit einem Ingenieur, der in unserem Werk arbeitet.

2. Die **Betonung** des Part. Präs. Akt. richtet sich bei Verben der *e*-Konjugation nach der 3. Pers. Pl. und bei Verben der *i*-Konjugation nach dem Infinitiv.

§ 186   Das Part. Präs. Akt. in der Funktion eines Substantivs oder Adjektivs

Wie andere Wortarten, so können auch Partizipien substantiviert werden. Aber auch als Adjektive treten sie auf:

бу́дущее – die Zukunft, слу́жащий – der Angestellte, уча́щийся – der Studierende (Lernende); сле́дующий уро́к – die folgende Lektion, настоя́щее вре́мя – Präsens, пи́шущая маши́нка – Schreibmaschine, обраба́тывающая промы́шленность – verarbeitende Industrie u. a.

§§ 187–189 Das Partizip Präterium Aktiv

§ 187   Das Part. Prät. Akt. wird von der **männlichen Form des Präteritums** v. und uv. Verben gebildet, indem das «-л» durch «-вш-» + adjektivische Endung ersetzt wird. Verben, die das Präteritum ohne «-л» bilden (нёс, вёз, рос u. a.), bilden das Part. Prät. Akt. nur mit dem Suffix «-ш-», das an den auslautenden Konsonanten des Präteritums tritt:

Infinitiv / Präteritum	Part. Prät. Akt.	
рабо́тать / рабо́тал	рабо́тавший студе́нт	der Student, der arbeitete (gearbeitet hat, hatte)
	рабо́тавшая студе́нтка	die Studentin, die arbeitete (gearbeitet hat, hatte)
	рабо́тавшие студе́нты	die Studenten, die arbeiteten (gearbeitet haben, hatten)
вы́полнить / вы́полнил	вы́полнивший, -ая, -ее; -ие	der erfüllte (erfüllt hat, hatte)
(про)чита́ть / (про)чита́л	(про)чита́вший, -ая, -ее; -ие	der las (gelesen hat, hatte)
занима́ться / занима́лся	занима́вшийся, -аяся, -ееся; -иеся	der sich beschäftigte (beschäftigt hat, hatte)
нести́ / нёс	нёсший, -ая, -ее; -ие	der trug (getragen hat, hatte)
(вы́)расти / (вы́)рос	(вы́)росший, -ая, -ее; -ие	der wuchs (gewachsen ist, war)

Unregelmäßige Bildungen:

1. Verben auf «**-сти**» und «**-сть**», deren Präsens- bzw. Futurstamm auf «**-д**» oder «**-т**» auslautet, bilden das Part. Prät. Akt. nicht vom Präteritalstamm, sondern vom Präsens- bzw. Futurstamm mit dem Suffix «**-ш-**», z. B.: перевести́ / переведу́ (übersetzen) — переве́дший, -ая, -ее; -ие u. a.

2. Besonders zu beachten ist die Bildung des Part. Prät. Akt. von «**идти́**» und dessen Ableitungen: идти́ – ше́дший, -ая, -ее, -ие; прийти́ – прише́дший, -ая, -ее, -ие; вы́йти - вы́шедший, -ая, -ее, -ие usw.

§ 188   Deklination des Part. Prät. Akt.

Dekliniert wird das Part. Prät. Akt. wie ein **Adjektiv** (vgl. **§ 184**), z. B.:

написа́вший ⎫
написа́вшее ⎭ -его, -ему, N. od. G., -им, -ем
написа́вшая, -ей, -ей, -ую, -ей, -ей
написа́вшие, -их, -им, N. od. G., -ими, -их

занима́вшийся ⎫
занима́вшееся ⎭ -егося, -емуся, N. od. G., -имся, -емся
занима́вшаяся, -ейся, -ейся, -уюся, -ейся, -ейся
занима́вшиеся, -ихся, -имся, N. od. G., -имися, -ихся

принёсший ⎫
принёсшее ⎭ -его, -ему, N. od. G., -им, -ем
принёсшая, -ей, -ей, -ую, -ей, -ей
принёсшие, -их, -им, N. od. G., -имися, -ихся

§ 189   **Zum Gebrauch des Part. Prät. Akt.**

Vgl. hierzu **§ 185**. Beispiele:

Посети́вшая наш заво́д ру́сская **делега́ция** за́втра пое́дет в го́род Ле́йпциг.

Ру́сская **делега́ция**, посети́вшая наш заво́д, за́втра пое́дет в го́род Ле́йпциг.

Die russische Delegation, die unser Werk besucht hat, fährt morgen nach Leipzig.

§§ 190–192 Das Partizip Präsens Passiv

§ 190   Das attributiv gebrauchte Part. Präs. Pass. (Langform) wird von **uv. transitiven Verben** gebildet, indem an die Endung der **1. Pers. Pl. Präs.** die Adjektivendungen «**-ый, -ая, -ое, -ые**» angefügt werden. Die **Kurzform** dieser Partizipien, die prädikativ verwendet wird, endet auf «**-м, -ма, -мо, -мы**». Diese Form wird jedoch nur noch selten gebraucht.

Beispiele:

Infinitiv / 1. Pers. Pl.	Part. Präs. Passiv Langform	Kurzform
поставля́ть / поставля́ем	поставля́ем ый това́р - ая маши́на - ое бельё - ые изде́лия die Ware / Maschine / Wäsche, die geliefert wird; die Erzeugnisse, die geliefert werden	–
производи́ть / произво́дим	производи́мый … -ая … -ое … -ые … …, der (die, das) produziert wird; …, die produziert werden	

Anmerkungen:

1. Bei Verben auf «**-авать**» wird das Part. Präs. Pass. (ebenso wie der Imperativ) vom Infinitivstamm abgeleitet, z. B.:
издава́ть (herausgeben) – изда ва́емый, -ая, -ое, -ые; узнава́ть (erkennen, in Erfahrung bringen) – узнава́емый, -ая, -ое, -ые; продава́ть (verkaufen) – продава́емый, -ая, -ое, -ые u. a.

2. Gelegentlich wird die Langform des Part. Präs. Pass. durch das **Part. Präs. Akt. (mit «-ся»)** ersetzt, z. B.: стро́я щийся дом – das Haus, das gebaut wird.

3. Anstelle der nur noch selten gebrauchten prädikativen Kurzform des Part. Präs. Pass. werden in der Bedeutung des **Passivs** transitive Verben + «**-ся**» verwendet, z. B.: Статья́ чита́ ется – Der Artikel wird gelesen. (Vgl. hierzu **§ 181/3**.)

§ 191   Deklination des Part. Präs. Pass.

Das Part. Präs. Pass. wird wie ein **Adjektiv** mit hartem Stammauslaut dekliniert, z. B.:

изготовля́емый ⎫
изготовля́емое ⎭ -ого, -ому, *N. od. G.*, -ым, -ом
изготовля́емая, -ой, -ой, -ую, -ой, -ой
изготовля́емые, -ых, -ым, *N. od. G.*, -ыми, -ых

§ 192   Zum Gebrauch des Part. Präs. Pass.

Die Langform des Part. Präs. Pass. wird **attributiv** gebraucht und steht wie das Part. Präs. Akt. **vor** oder **nach** dem Bezugswort (vgl. **§ 185**). Beispiele:

Изготовля́емые на́шим заво́дом маши́ны поставля́ются во мно́гие стра́ны. Маши́ны, изготовля́емые на́шим заво́дом, поставля́ются во мно́гие стра́ны.	Die Maschinen, die von unserem Werk hergestellt werden (die unser Werk herstellt), werden in viele Länder geliefert.
Я купи́л журна́л, издава́емый в Москве́.	Ich kaufte eine Zeitschrift, die in Moskau herausgegeben wird (erscheint).
Все обсужда́емые а́втором э́той кни́ги вопро́сы о́чень ва́жны. Все вопро́сы, обсужда́емые а́втором э́той кни́ги, о́чень ва́жны.	Alle Fragen, die vom Autor dieses Buches erörtert werden (die der Autor erörtert), sind sehr wichtig.

Beim Gebrauch des Part. Präs. Pass. ist zu beachten, dass das Wort, das den **Urheber** der Handlung bezeichnet, **im Instrumental** steht (vgl. Beispiele oben).

Anmerkung:

Ins Deutsche werden diese Passivsätze meist durch einen **Relativsatz** im Aktiv übersetzt (vgl. Beispiele oben).

§§ 193–197 Das Partizip Präterium Passiv

§ 193   Zum Unterschied vom Part. Präs. Pass. werden die Part. Prät. Pass. relativ häufig gebraucht. Gebildet werden sie vorwiegend von **v. Verben,** wobei entweder an den **Infinitivstamm** oder bei einigen Verben auch an den Präsens- bzw. Futurstamm (**1. bzw. 2. Pers. Sg.**) die Suffixe «**-нн-, -енн- / -ённ-**» oder «**-т-**» und die adjektivischen Endungen treten. Wie beim Part. Präs. Pass. wird die **Langform attributiv** und die **Kurzform prädikativ** gebraucht. Die Langform kann **vor** oder **nach** dem Bezugswort stehen. Das Wort, das den **Urheber** der Handlung bezeichnet, steht auch hier **im Instrumental.** Dekliniert wird die Langform wie ein Adjektiv.

Beispiele:

Все говори́ли о разрабо́танном молоды́м архите́ктором прое́кте.	Alle sprachen über den von dem jungen Architekten ausgearbeiteten Entwurf.

Все говори́ли о **прое́кте,** разрабо́танном молоды́м архите́ктором.	Alle sprachen über den Entwurf, der von dem jungen Architekten ausgearbeitet wurde (worden ist).
Прое́кт разрабо́тан **на́ми.**	Der Entwurf ist von uns ausgearbeitet worden (wurde von uns ausgearbeitet).
Кем был обсуждён э́тот прое́кт?	Von wem war dieser Entwurf beraten worden (wurde beraten)?
Э́то зда́ние бу́дет постро́ено на́шей фи́рмой.	Dieses Gebäude wird von unserer Firma gebaut werden.

§ 194   Part. Prät. Pass. mit dem Suffix «-нн-»

Bildung vom Infinitivstamm der Verben auf «-овать» und den meisten Verben auf «-ать, -ять» und «-еть»:

Infinitiv / Infinitivstamm	Part. Prät. Pass. Langform	Kurzform
организова́ть *uv. / v.* organisieren	организо́ванный (-ая, -ое, -ые)	организо́ван (-а, -о, -ы)
прочита́ть *v.* lesen	прочи́танный (-ая, -ое, -ые)	прочи́тан (-а, -о, -ы)
осмотре́ть *v.* besichtigen	осмо́тренный (-ая, -ое, -ые)	осмо́трен (-а, -о, -ы)
посе́ять *v.* säen	посе́янный (-ая, -ое, -ые)	посе́ян (-а, -о, -ы)

§ 195   Part. Prät. Pass. mit dem Suffix «-енн- / -ённ-»

Bildung vom Präsens- bzw. Futurstamm (1. Pers. Sg., bei Verben auf «-ить» 2. Pers. Sg.) **mehrsilbiger** Verben auf «-ить» und der Verben auf «-сти, -сть, -зти, -зть, -чь»:

Infinitiv / 1. bzw. 2. Pers. Sg.	Part. Prät. Pass. Langform	Kurzform
постро́ить *v.* / постро́ю bauen	постро́енный (-ая, -ое, -ые)	постро́ен (-а, -о, -ы)
получи́ть *v.* / получу́ erhalten	полу́ченный (-ая, -ое, -ые)	полу́чен (-а, -о, -ы)
вы́полнить *v.* / вы́полню erfüllen	вы́полненный (-ая, -ое, -ые)	вы́полнен (-а, -о, -ы)

Infinitiv / 1. bzw. 2. Pers. Sg.	Part. Prät. Pass. Langform	Kurzform
поста́вить *v.* / поста́влю stellen	поста́вленный (-ая, -ое, -ые)	поста́влен (-а, -о, -ы)
подгото́вить *v.* / подгото́влю vorbereiten	подгото́вленный (-ая .-ое, -ые)	подгото́влен (-а, -о, -ы)
реши́ть *v.* / решу́ entscheiden, lösen, beschließen	решённый (-ая, -ое, -ые)	решён (решена́, -о́, -ы́)
принести́ *v.* / принесу́ bringen	принесённый (-ая, -ое, -ые)	принесён (принесена́, -о́, -ы́)
снабди́ть *v.* / снабжу́ versorgen	снабжённый (-ая, -ое, -ые)	снабжён (снабжена́, -о́, -ы́)
посвяти́ть *v.* / посвящу́ widmen	посвящённый (-ая, -ое, -ые)	посвящён (посвящена́, -о́, -ы́)
сбере́чь *v.* / сберегу́, сбережёшь hüten, aufbewahren, schonen	сбережённый (-ая, -ое, -ые)	сбережён (сбережена́, -о́, -ы́)

Tritt **Konsonantenwechsel** in der 1. Pers. Sg. auf, so bleibt dieser auch in der Partizipialform erhalten (vgl. hierzu auch **§§ 32–36**).

§ 196   Part. Prät. Pass. mit dem Suffix «-т-»

Bildung vom Infinitivstamm der Verben auf «**-ыть, -уть, -оть, -ереть**», einiger Verben auf «**-еть, -ать, -ять**» sowie der **einsilbigen** Verben auf «**-ить**» und deren Zusammensetzungen:

Infinitiv / Infinitivstamm	Part. Prät. Pass. Langform	Kurzform
откры́ть *v.* öffnen	откры́тый (-ая, -ое, -ые)	откры́т (-а, -о, -ы)
дости́гнуть *v.* erreichen	дости́гнутый (-ая, -ое, -ые)	дости́гнут (-а, -о, -ы)
оде́ть *v.* anziehen	оде́тый (-ая, -ое, -ые)	оде́т (-а, -о, -ы)

Infinitiv / Infinitivstamm	Part. Prät. Pass. Langform	Kurzform
нача́ть *v.* beginnen	на́чатый (-ая, -ое, -ые)	на́чат (-а́, -о, -ы)
взять *v.* nehmen	взя́тый (-ая, -ое, -ые)	взят (-а́, -о, -ы)
заня́ть *v.* besetzen	за́нятый (-ая, -ое, -ые)	за́нят (-а́, -о, -ы)
разби́ть *v.* zerschlagen	разби́тый (-ая, -ое, -ые)	разби́т (-а, -о, -ы)

§ 197   Zum Gebrauch des Part. Prät. Pass.

Das Part. Prät. Pass. ist das gebräuchlichste russische Partizip. Während die Langform fast nur in der Schriftsprache auftritt, ist die Kurzform auch in der Umgangssprache üblich.

Deklination, Wortstellung und Bezeichnung des Urhebers der Handlung durch den Instrumental sind bei der **Langform** wie beim Part. Präs. Pass. (vgl. **§§ 191–193**).

Die **Kurzform** wird als **Prädikat** verwendet und ist **nicht deklinierbar** (s. Kurzform des Adjektivs, **§§ 98, 99**). Auch hier wird der Urheber der Handlung durch den Instrumental bezeichnet.

Zum Ausdruck des **Passivs** mit Bezug auf die vollendete Gegenwart, die Vergangenheit bzw. die Zukunft wird die Kurzform mit den Zeitformen von «**быть**» verbunden, z. B.

1. mit Bezug auf die vollendete Gegenwart:

Э́та статья́ прочи́тана **на́ми**.
                 Dieser Artikel **ist** von uns gelesen worden (wurde von uns gelesen).

2. mit Bezug auf die vollendete Vergangenheit:

Э́та статья́ была́ прочи́тана **на́ми**.
                 Dieser Artikel **war** von uns gelesen worden.

3. mit Bezug auf die vollendete Zukunft:

Э́та статья́ бу́дет прочи́тана **на́ми**.
                 Dieser Artikel **wird** von uns gelesen werden.

Die Kurzform wird immer nur mit **einem «-н-»** geschrieben.

§ 198   Zusammenfassung der Passivformen im Russischen

1. Wiedergabe des Passivs durch uv. transitive Verben + «-ся»:

Aktiv

Э́ти рабо́чие **стро́ят** заво́ды.
Diese Arbeiter bauen Werke.

Passiv

Э́ти заво́ды стро́ятся э́тими рабо́чими.
Diese Werke werden von diesen Arbeitern gebaut.

Мы стро́или э́ти дома́.
Wir bauten diese Häuser.

Э́ти дома́ стро́ились на́ми.
Diese Häuser wurden von uns gebaut.

Вы бу́дете стро́ить но́вую гости́ницу.
Ihr werdet ein neues Hotel bauen.

Но́вая гости́ница бу́дет стро́иться ва́ми.
Das neue Hotel wird von euch gebaut
werden.

2. Wiedergabe durch ein Part. Pass.:

Изде́лия, кото́рые мы **изготовля́ем,**
экспорти́руются.
Die Erzeugnisse, die wir herstellen, werden
exportiert.

Изготовля́емые **на́ми** изде́лия (изде́лия,
изготовля́емые на́ми,) экспорти́руются.
Die Erzeugnisse, die von uns hergestellt wer-
den, werden exportiert.

Изде́лия, кото́рые мы **изгото́вили,**
по́льзуются больши́м спро́сом.

Изде́лия, изгото́вленные **на́ми** (изгото́-
вленные на́ми изде́лия), по́льзуются боль-
ши́м спро́сом.

Die Erzeugnisse, die wir herstellten (herge-
stellt haben), erfreuen sich einer großen Nach-
frage.

Die Erzeugnisse, die von uns hergestellt wor-
den sind (wurden), erfreuen sich einer
großen Nachfrage. (Die von uns hergestell-
ten Erzeugnisse erfreuen sich …)

Наш заво́д **изгото́вил** э́ти изде́лия.
Unser Werk stellte diese Erzeugnisse her.

Э́ти изде́лия изгото́влены на́шим заво́дом.
Diese Erzeugnisse sind von unserem Werk
hergestellt worden (wurden hergestellt).

Oder:
Э́ти изде́лия бы́ли изгото́влены на́шим
заво́дом.
Diese Erzeugnisse waren von unserem Werk
hergestellt worden.

Мы изгото́вим э́то изде́лие.
Wir werden dieses Erzeugnis herstellen.

Э́то изде́лие бу́дет изгото́влено на́ми.
Dieses Erzeugnis wird von uns hergestellt
werden.

§§ 199–202 Das Adverbialpartizip

§ 199   Das Adverbialpartizip ist eine **unveränderliche** Form des Verbs, die eine Neben-
handlung bezeichnet und sich stets auf das **Subjekt der Haupthandlung** bezieht. Im Satz
tritt das Adverbialpartizip als **adverbiale Bestimmung** auf, z. B.:

Он чита́л си́дя.
Er las sitzend.

Си́дя за столо́м, я чита́ю (бу́ду чита́ть)
но́вую статью́.
Am Tisch sitzend, lese ich (werde ich) den
neuen Artikel (lesen).

Написа́в статью́, я пошёл к моему́ дру́гу.
Als ich den Artikel geschrieben hatte, ging
ich zu meinem Freund.

Die Adverbialpartizipien werden weder dekliniert, noch werden sie nach Geschlecht, Zahl
und Fall unterschieden. Man unterscheidet lediglich das Adverbialpartizip der Gleichzei-
tigkeit und das der Vorzeitigkeit.

§ 200   Das Adverbialpartizip der Gleichzeitigkeit

Es wird von der **3. Pers. Pl. Präsens** gebildet, indem die Konjugationsendungen «-ут (-ют)» und «-ат (-ят)» durch «-я« (reflexiv «-ясь») oder «-а» (nach Zischlauten) ersetzt werden, z. B.:

Infinitiv	3. Pers. Pl.	Adverbialpartizip der Gleichzeitigkeit	
чита́ть	чита́ют	чита́я	– lesend
говори́ть	говоря́т	говоря́	– sprechend
нести́	несу́т	неся́	– tragend
занима́ться	занима́ются	занима́ясь	– sich beschäftigend
лежа́ть	лежа́т	лёжа	– liegend

Dieses Adverbialpartizip drückt die Gleichzeitigkeit der Nebenhandlung mit der Haupthandlung aus, z. B.:

Си́дя в ко́мнате, я {
чита́ю.
чита́л(а).
бу́ду чита́ть.

Im Zimmer **sitzend,** {
lese ich.
las ich.
werde ich lesen.

Anmerkungen:

1. Nicht alle uv. Verben bilden das Adverbialpartizip der Gleichzeitigkeit. Es **fehlt** z. B. bei den Verben auf «-нуть» und bei anderen Verben wie: брать, писа́ть, пить usw.

2. Verben auf «-ава́ть» bilden dieses Adverbialpartizip vom Infinitivstamm, z. B.: встава́ть – встава́я, узнава́ть – узнава́я usw. Von «**быть**» lautet es «бу́дучи».

3. Die **Betonung** dieser Adverbialpartizipien entspricht meistens der Betonung des Infinitivs. (*Ausnahmen:* си́дя, сто́я, хо́дя, лёжа u. a.)

§ 201   Das Adverbialpartizip der Vorzeitigkeit

Es wird vom **Präteritalstamm v. Verben** gebildet, indem man an diesen bei Auslaut des Stammes auf einen **Vokal** «-в (-вши[1])» und bei Stammauslaut auf einen **Konsonanten** «-ши» anfügt, z. B.:

Infinitiv	Präteritalstamm	Adverbialpartizip der Vorzeitigkeit
прочита́ть *v.* (durch)lesen	прочита́л	прочита́в (прочита́вши)
написа́ть *v.* schreiben	написа́л	написа́в (написа́вши)
посмотре́ть *v.* sehen, ansehen	посмотре́л	посмотре́в (посмотре́вши)

[1] Die Formen auf «-вши» treten seltener auf als die Formen auf «-в» und tragen außerdem eine stark umgangssprachliche Note.

Infinitiv	Präteritalstamm	Adverbialpartizip der Vorzeitigkeit
верну́ться *v.* zurückkehren	верну́лся	верну́вшись
оде́ться *v.* sich anziehen	оде́лся	оде́вшись
повезти́ *v.* befördern	повёз	повёзши
принести́ *v.* bringen	принёс	принёсши

Das Adverbialpartizip der Vorzeitigkeit drückt eine bereits vor der Haupthandlung abgeschlossene Handlung aus, z. B.:

Прочита́в газе́ту, я
{ тепе́рь **пишу́** статью́.
писа́л статью́.
бу́ду писа́ть статью́. }

Ich **habe** die Zeitung **gelesen und schreibe jetzt** einen Artikel.
Nachdem (als) ich die Zeitung gelesen hatte, schrieb ich einen Artikel.
Wenn (sobald) ich die Zeitung gelesen habe, werde ich einen Artikel schreiben.

Anmerkungen:

1. Die Zusammensetzungen von «идти́» bilden das Adverbialpartizip der Vorzeitigkeit mit «-ше́дши», z. B.: войти́ – воше́дши, вы́йти – вы́шедши. Gebräuchlicher jedoch sind die Formen auf «-я», z. B.: войдя́, придя́, вы́йдя u. a. (vgl. **Anm. 2.**)

2. Einige v. Verben, insbesondere Verben der **Bewegung**, bilden das Adverbialpartizip der Vorzeitigkeit auf «-я (-ясь)», z. B.: принести́ – принеся́, войти́ – войдя́, привезти́ – привезя́, привести́ – приведя́ u. a. Die Formen auf «-ши» sind bei diesen Verben weniger gebräuchlich.

3. **Reflexive Verben** bilden dieses Adverbialpartizip immer mit «-(в)шись», vgl. oben «верну́ться» und «оде́ться».

§ 202 Zur Übersetzung des Adverbialpartizips

Da es im Deutschen kein Adverbialpartizip gibt, muss man bei der Übertragung die folgenden Übersetzungsmöglichkeiten beachten, und zwar je nach den stilistischen Erfordernissen.

1. Übersetzung durch einen Hauptsatz (mit «und» verbunden):

Си́дя за столо́м, он чита́л газе́ту.	Er saß am Tisch und las die Zeitung.
Прочита́в статью́ о Гага́рине, я пошёл к моему́ дру́гу.	Ich hatte den Artikel über Gagarin (durch-) gelesen und ging dann zu meinem Freund.

Meist wird der durch «und» verbundene Hauptsatz mit **«damit»**, **«dadurch»**, **«dann»** usw. verstärkt.

2. Übersetzung durch einen Nebensatz mit «indem, wodurch, während, nachdem, als, weil, da, wenn, obgleich» usw.:

Применяя нóвые мéтоды труда, мы выполнили задáние досрóчно.	Als (indem) wir neue Arbeitsmethoden anwendeten, erfüllten wir die Aufgabe vorfristig.
Выполнив производственный план, нáша рабóчая грýппа получила прéмию.	Nachdem (als) unsere Arbeitsgruppe den Produktionsplan erfüllt hatte, erhielt sie eine Prämie.

3. Übersetzung mit einem Substantiv, verbunden mit einer Präposition (adv. Bestimmung):

Испóльзуя все резéрвы, рабóчие и инженéры смогли выполнить производственный план.	Durch (unter) Ausnutzung aller Reserven konnten die Arbeiter und Ingenieure den Produktionsplan erfüllen.
Выполнив задáние, мы пошли домóй.	Nach Erfüllung der Aufgabe gingen wir nach Hause.

4. Übersetzung mit «ohne zu» bei verneintem Adverbialpartizip:

Не знáя дорóги, мы всё-таки своеврéменно добрались до мéста.	Ohne den Weg zu kennen, gelangten wir dennoch rechtzeitig zum Ziel.

5. Übersetzung durch ein Partizip:

Сидя за столóм, они читáли газéту.	Am Tisch sitzend, lasen sie die Zeitung.

Die Übersetzung mit einem Partizip ist aus stilistischen Gründen nicht zu empfehlen. Vorzuziehen sind die Übersetzungsmöglichkeiten 1–4.

§ 203 Einige gebräuchliche Verben mit unregelmäßigem Formenbestand

бежáть *uv.* (laufen):	бегý, бежишь ..., бегýт; беги!
бить *uv.* (schlagen):	бью, бьёшь ..., бьют; бей!; битый
брать *uv.* (nehmen):	берý, берёшь ..., берýт; бери!
брить *uv.* (rasieren):	брéю, брéешь ..., брéют; брей!; бритый
взять *v.* (nehmen):	возьмý, возьмёшь ..., -ýт; возьми!; взятый
давáть *uv.* (geben):	даю, даёшь ..., -ют; давáй!
дать *v.* (geben):	дам, дашь, даст, дадим, дадите, дадýт; дай!; дáнный
достигнуть } **достичь** } *v.* (erreichen):	достигну, достигнешь ..., -ут; достиг, достигла, -о, -и; достигни!; достигнутый
есть *uv.* (essen):	ем, ешь, ест, едим, едите, едят; ел, éла, -и; ешь!
éхать *uv.* (fahren):	éду, éдешь ..., éдут; поезжáй!
жать *uv.* (drücken):	жму, жмёшь ..., жмут; жми!; жáтый
ждать *uv.* (warten):	жду, ждёшь ..., ждут; жди!
зажéчь *v.* (anzünden):	зажгý, зажжёшь ..., зажгýт; зажёг, зажгла, -ó, -и; зажги!; зажжённый, -ён, -енá, -ó, -ы́
жить *uv.* (leben, wohnen):	живý, живёшь ..., живýт; живи!
забыть *v.* (vergessen):	забýду, забýдешь ..., забýдут; забýдь!; забытый
закрыть *v.* (schließen):	закрóю, закрóешь ..., закрóют; закрóй!; закрытый

заня́ть *v.* (besetzen, einnehmen):	займу́, займёшь …, -у́т; займи́!; за́нятый
запере́ть *v.* (zuschließen):	запру́, запрёшь …, -у́т; за́пер, заперла́, за́перли; запри́!; за́пертый, за́перт, заперта́, за́перто, за́перты
звать *uv.* (rufen):	зову́, зовёшь …, зову́т; зови́!; зва́нный
идти́ *uv.* (gehen):	иду́, идёшь …, иду́т; шёл, шла, шло, шли; иди́!; ше́дший
исче́знуть *v.* (verschwinden):	исче́зну, исче́знешь …; исче́з, исче́зла, -о, -и; исче́зни!
класть *uv.* (legen):	кладу́, кладёшь …, кладу́т; клал, кла́ла, -и; клади́!
кре́пнуть *uv.* (erstarken):	кре́пну, кре́пнешь …, -ут; креп (кре́пнул), кре́пла (кре́пнула), кре́пло, кре́пли; кре́пни!
лгать *uv.* (lügen):	лгу, лжёшь …, лгут; лгал, лгала́, лга́ли; не лги́!
лечь *v.* (sich hinlegen):	ля́гу, ля́жешь …, ля́гут; лёг, легла́, легло́, легли́; ляг! ля́гте!
лить *uv.* (gießen):	лью, льёшь …, льют; лей!; ли́тый
мочь *uv.* (können):	могу́, мо́жешь …, мо́гут; мог, могла́, могло́, могли́
мыть *uv.* (waschen):	мо́ю, мо́ешь …, мо́ют; мой!; мы́тый
наде́ть *v.* (anziehen):	наде́ну, наде́нешь …, -ут; наде́нь!; наде́тый
назва́ть *v.* (nennen):	назову́, назовёшь …, -у́т; назови́!; на́званный
нача́ть *v.* (beginnen):	начну́, начнёшь …, -у́т; на́чал, -а́, -о, -и; начни́!; на́чатый
оде́ть *v.* (anziehen):	оде́ну, оде́нешь …, -ут; оде́нь!; оде́тый
остава́ться *uv.* (bleiben):	остаю́сь, остаёшься …, -ю́тся; остава́йся!
оста́ться *v.* (bleiben):	оста́нусь, оста́нешься …, -утся; оста́нься!
отпере́ть *v.* (öffnen):	отопру́, отопрёшь …, -у́т; о́тпер, отперла́, -о, -и; отопри́!; о́тпертый
ошиби́ться *v.* (sich irren):	ошибу́сь, ошибёшься …, -у́тся; оши́бся, оши́блась, -лось, -лись
пасть *uv.* (fallen):	паду́, падёшь …, -у́т; пал, па́ла, па́ло, па́ли; (не) пади́!
перевести́ *v.* (übersetzen):	переведу́, переведёшь …, -у́т; перевёл, перевела́, -и́; переведи́!; переведённый, -ён, -ена́, -о́, -ы́
петь *uv.* (singen):	пою́, поёшь …, -ю́т; пой!
печь *uv.* (backen):	пеку́, печёшь …, пеку́т; пёк, пекла́, -о́, -и́; пеки́!; печённый
пить *uv.* (trinken):	пью, пьёшь …, пьют; пей!
плыть *uv.* (schwimmen):	плыву́, плывёшь …, плыву́т; плыви́!
пойти́ *v.* (losgehen):	пойду́, пойдёшь …, пойду́т; пошёл, пошла́, -о́, -и́; пойди́!
помо́чь *v.* (helfen):	помогу́, помо́жешь …, помо́гут; помо́г, помогла́, -о́, -и́; помоги́!
поня́ть *v.* (verstehen):	пойму́, поймёшь …, пойму́т; по́нял, поняла́, -и; пойми́!; по́нятый
прийти́ *v.* (kommen):	приду́, придёшь …, приду́т; пришёл, пришла́, -о́, -и́; приди́!
приня́ть *v.* (annehmen):	приму́, при́мешь …, при́мут; при́нял, -а́, -о, -и; прими́!; при́нятый

продава́ть *uv.* (verkaufen):	продаю́, продаёшь …, продаю́т; продава́л, -а -и; продава́й!
прода́ть *v.* (verkaufen):	прода́м, прода́шь, прода́ст, продади́м, продади́те, продаду́т; про́дал, -а́, -о, -и; прода́й!; про́данный
прочести́ *v.* (durchlesen):	прочту́, прочтёшь …, прочту́т; прочёл, прочла́, -и́; прочти́!; прочтённый
разви́ть *v.* (entwickeln):	разовью́, разовьёшь …, разовью́т; разве́й!; разви́тый, ра́звит, развита́, ра́звиты
расти́ *uv.* (wachsen):	расту́, растёшь …, расту́т; рос, росла́, -о́, -и́; расти́!
сесть *v.* (sich setzen):	ся́ду, ся́дешь …, ся́дут; сел, се́ла, -о, -и; сядь!
слать *uv.* (schicken):	шлю, шлёшь …, шлют; шли!
собра́ть *v.* (sammeln):	соберу́, соберёшь …, соберу́т; собери́!; со́бранный
созда́ть *v.* (schaffen, gründen):	созда́м, -да́шь, -да́ст, -дади́м, -дади́те, -даду́т; созда́й!; со́зданный
спать *uv.* (schlafen):	сплю, спишь …, спят; спи!
стать *v.* (werden, beginnen):	ста́ну, ста́нешь …, ста́нут; стань!
умере́ть *v.* (sterben):	умру́, умрёшь …, умру́т; у́мер, умерла́, -и
хоте́ть *uv.* (wollen):	хочу́, хо́чешь, хо́чет, хоти́м, хоти́те, хотя́т; хоте́л, -а, -о, -и
цвести́ *uv.* (blühen):	1. u. 2. Pers. ungebr., цветёт, цвету́т; цвёл, цвела́, -о́, -и́
шить *uv.* (nähen):	шью, шьёшь …, шьют; шей!; ши́тый

§§ 204–207 Das Adverb (Umstandswort)

Adverbien sind nicht flektierbar und bestimmen im Satz Verben, Adjektive bzw. andere Adverbien näher. Sie treten dabei als Adverbialbestimmungen auf. Es lassen sich folgende Gruppen unterscheiden:

§ 204 Pronominale Adverbien

1. fragende: где? – wo?, куда́? – wohin?, отку́да? – woher?, когда́? – wann?, как? – wie?, ско́лько? – wie viel?, наско́лько? – um wie viel?, почему́? – warum?, заче́м? – wozu, zu welchem Zweck?

2. hinweisende: там – dort, здесь – hier, тут – hier, туда́ – dorthin, отту́да – von dort (her), сюда́ – hierher, отсю́да – von hier, тогда́ – damals, так – so, сто́лько – soviel, насто́лько – soviel, потому́ – deshalb, darum, зате́м – darauf, später, всегда́ – immer, иногда́ – ab und zu

3. unbestimmte: гдé-то / гдé-нибудь – irgendwo, куда́-то / куда́-нибудь – irgendwohin, отку́да-то / отку́да-нибудь – von irgendwoher, ко́е-где – irgendwo, когда́-то / когда́-нибудь – irgendwann, ка́к-то / ка́к-нибудь / ка́к-либо – irgendwie, не́сколько – ein wenig, etwas, почему́-то / почему́-нибудь – aus irgendeinem Grunde, зачём-то / зачём-нибудь – aus irgendeinem Grunde, zu irgendeinem Zweck

Zum Gebrauch von «-то» und «-нибудь» vgl. **§ 155**.

4. verneinende: нигдé – nirgends, nirgendwo, никудá – nirgendwohin, ниоткýда – nirgendwoher, никогдá – niemals, никáк – auf keine Weise, auf keinen Fall, durchaus nicht, ни-скóлько – nicht im Geringsten

Anmerkungen:

1. Wie bei den verneinenden Pronomen, so wird auch bei der **Verneinung** der mit «ни» gebildeten Adverbien die Partikel «не» gebraucht (vgl. **§ 148**), z. B.:

Мы **ни**кудá не поéдем.	Wir fahren nirgendwohin.
Я никáк не могý вспóмнить егó фамúлию.	Ich kann mich an seinen Namen einfach nicht erinnern.
Я её никогдá не вúдел.	Ich habe sie niemals gesehen.

2. Die mit der Partikel «не-» gebildeten Adverbien «нéгде, нéкогда, нéкуда» u. a. werden nur in **unpersönlichen** Sätzen gebraucht:

Мне нéкогда пойтú к немý.	Ich habe keine Zeit, zu ihm zu gehen.
Нам нéкуда положúть вéщи.	Wir finden keinen Platz für die Sachen.
Тебé нéзачем éхать тудá.	Es lohnt sich für dich nicht, dorthin zu fahren.

Vgl. hierzu auch **§ 150**.

§ 205   Von Adjektiven abgeleitete Adverbien

1. Adverbien auf «-o / -e»:

Diese stimmen mit der Kurzform des Adjektivs überein. Adverbien auf «-o» werden von Adjektiven mit hartem Stammauslaut und Adverbien auf «-e» von Adjektiven mit weichem Stammauslaut abgeleitet.

Beispiele:

хорóший, -ая, -ее	gut
Он читáет хорошó.	Er liest gut.
интерéсный, -ая, -ое	interessant
Онá интерéсно расскáзывает.	Sie erzählt interessant.

Ebenso: плохóй – плóхо (schlecht), весёлый – вéсело (fröhlich, heiter), тúхий – тúхо (still), высóкий – высокó (hoch), красúвый – красúво (schön), крáйний – крáйне (äußerst) u. a. m.

2. Adverbien auf «-и»:

критúческий – критúчески (kritisch), дрýжеский – дрýжески (freundschaftlich) u. a.

3. Adverbien auf «-и» + Präfix «по-»:

рýсский – по-рýсски (russisch), немéцкий – по-немéцки (deutsch), англúйский – по-англúйски (englisch), францýзский – по-францýзски (französisch) u. a.

4. Adverbien auf «-ому / -ему» + Präfix «по-»:

но́вый – по-но́вому (auf neue Art), ста́рый – по-ста́рому (auf alte Art), друго́й – по-друго́му (anders, auf andere Art) u. a.

§ 206 Von anderen Wortarten abgeleitete Adverbien

вверх – nach oben, вниз – nach unten, наверху́ – oben, внизу́ – unten, вблизи́ – in der Nähe, вдали́ – in der Ferne, весно́й – im Frühling, ле́том – im Sommer, о́сенью – im Herbst, зимо́й – im Winter, у́тром – morgens, днём – am Tage, ве́чером – abends, но́чью – nachts, по-мо́ему – nach meiner Meinung, по-тво́ему – nach deiner Meinung u. a. m.

§ 207 Zur Komparation der Adverbien

Adverbien auf «-о» und «-е» werden **wie Adjektive** gesteigert (vgl. **§§ 103–113**).

Beispiele:

	Komparativ	
краси́вый → краси́во	краси́вее (бо́лее краси́во)	schöner
широ́кий → широко́	ши́ре (бо́лее широко́)	breiter
	Superlativ	
	наибо́лее краси́в (краси́вее всего́ / всех)	am schönsten
	наибо́лее широко́ (ши́ре всего́ / всех)	am breitesten

Anmerkungen:

1. Adverbien auf **«-и»** bilden nur die **zusammengesetzten** Komparativ- und Superlativformen, z. B.: бо́лее крити́чески – kritischer, наибо́лее крити́чески – am kritischsten.

2. Zur **Abschwächung und Verstärkung** des Komparativs vgl. **§ 106**.

§ 208 Die wichtigsten Präpositionen (Verhältniswörter) und ihr Gebrauch

Präposition	regiert den	Bedeutung	Anwendung
без (кого́?, чего́?)	G.	ohne	**без** газе́ты, без де́нег ohne Zeitung, ohne Geld
близ (кого́?, чего́?)	G.	nahe, in der Nähe	**близ** го́рода nahe (an) der Stadt, in der Nähe der Stadt

Präposition	regiert den	Bedeutung	Anwendung
в (во) (в кого?, во что?, куда?, когда?)	A.	*1.* Richtung: in, nach (wohin?)	Мы éдем в гóрод. Wir fahren in die Stadt.
		2. zeitlich	в пять часóв um 5 (Uhr) в срéду am Mittwoch в пéрвый раз das erste Mal два рáза в день zweimal am Tag
		3. Vergleich	в три рáза бóльше dreimal soviel, dreimal so groß
	A.	*4.* Maß, Gewicht, Preis	дом в четы́ре этажá ein vierstöckiges Haus зал ширинóй в дéсять мéтров ein Saal von 10 m Breite спýтник вéсом в шесть тонн ein Sputnik von 6 t в какýю цéну? zu welchem Preis?
в (во) (в ком?, в чём?, где?, когда?)	P.	*1.* räumlich (wo?)	в гóроде, в кóмнате in der Stadt, im Zimmer
		2. zeitlich	в 1965 годý (в ты́сяча девятьсóт шестьдеся́т пя́том годý) im Jahre 1965 в 1959–1960 гг. (в ты́сяча девятьсóт пятьдеся́т девя́том – шестидеся́том годáх) in den Jahren 1959–1960 в начáле учéбного гóда am Anfang des Studienjahres
		3. Entfernung	в десяти́ киломéтрах от гóрода 10 km von der Stadt entfernt
вдоль (когó?, чегó?)	G.	längs, entlang	вдоль ýлицы die Straße entlang
вмéсто (когó?, чегó?)	G.	anstelle, anstatt	вмéсто метáлла anstelle von Metall вмéсто рабóчего anstelle des Arbeiters
вне (когó?, чегó?)	G.	außerhalb, außer	вне гóрода außerhalb der Stadt вне себя́ außer sich (sein)

Präposition	regiert den	Bedeutung	Anwendung
внутри́ (кого́?, чего́?)	G.	innerhalb, innen	**внутри́** те́ла im Innern des Körpers
во́зле (кого́?, чего́?)	G.	neben	**во́зле** институ́та neben dem Institut
вокру́г (кого́?, чего́?)	G.	ringsum, um … herum	**вокру́г** до́ма um das Haus herum
впереди́ (кого́?, чего́?)	G.	vor, voran	идти́ **впереди́** всех allen vorangehen **впереди́** гру́ппы бежа́ла соба́ка vor der Gruppe lief ein Hund
для (кого́?, чего́?)	G.	für	**для меня́,** для ро́дины für mich, für die Heimat
до (кого́?, чего́?)	G.	*1.* räumlich: bis	Мы е́дем **до** го́рода. Wir fahren bis zur Stadt.
		2. zeitlich: vor, bis	**до** пяти́ (часо́в) bis 5 Uhr **до** уро́ка vor dem Unterricht **до** сих пор bis jetzt, bis hierher
за (кого́?, что?)	A.	*1.* Richtung: hinter, an (wohin?)	Я сел **за** стол. Ich setzte mich an den Tisch.
		2. zeitlich: in, während, im Laufe, nach	**за** после́дние пять лет in den letzten 5 Jahren **за** семь лет im Laufe von (während) 7 Jahren
		3. Zweck, Ursache, Ziel	Э́тот спортсме́н выступа́ет **за** кома́нду университе́та. Dieser Sportler kämpft für die Universitätsmannschaft.
		4. Alter: über	Ему́ **за** со́рок (лет). Er ist über 40 (Jahre alt).
за (кем?, чем?, где?)	I.	*1.* räumlich: hinter (wo?)	Он стои́т **за** де́ревом. Er steht hinter dem Baum. Мы бы́ли **за** го́родом. Wir waren außerhalb der Stadt.
		2. Zweck	пойти́ **за** врачо́м den Arzt holen (gehen) посла́ть **за** папиро́сами nach Zigaretten schicken Я прие́ду **за** тобо́й. Ich hole dich ab.

Präposition	regiert den	Bedeutung	Anwendung
из (и́зо) (кого́?, чего́?)	G.	aus, von	Он вы́шел из ко́мнаты. Er verließ das Zimmer. кто́-то из нас jemand von uns изгото́вить из мета́лла aus Metall herstellen
из-за (кого́?, чего́?)	G.	1. räumlich: hinter ... hervor	из-за стола́ hinter dem Tisch hervor
		2. Ursache: infolge, wegen	из-за боле́зни, из-за Ива́на infolge Krankheit, wegen Iwan
из-под (кого́?, чего́?)	G.	räumlich: unter ... hervor, aus der Umgebung, Gegend	из-под стола́ unter dem Tisch hervor из-под Москвы́ aus der Umgebung von Moskau
к (ко) (кому́?, чему́?)	D.	Richtung, Ziel:	
		1. zu, an ... heran	Я пошёл к нему́. Ich ging zu ihm hin. доро́га к о́зеру der Weg zum (an den) See
		2. zeitlich: gegen	к ве́черу, к концу́ gegen Abend, gegen Ende
		3. Verhältnis: gegenüber, zu	любо́вь к рабо́те Liebe zur Arbeit отноше́ние к жи́зни Lebenseinstellung
кро́ме (кого́?, чего́?)	G.	außer	кро́ме газе́ты außer der Zeitung
ме́жду (кем?, чем?)	I.	zwischen, unter	ме́жду ле́сом и реко́й zwischen Wald und Fluss ме́жду на́ми unter (zwischen) uns
ми́мо (кого́?, чего́?)	G.	vorbei, vorüber	прое́хать ми́мо шко́лы an der Schule vorbeifahren
на (кого́?, что?)	A.	1. Richtung, Ziel: auf, an, in, nach (wohin?)	положи́ть кни́гу на стол das Buch auf den Tisch legen пове́сить карти́ну на сте́ну das Bild an die Wand hängen пойти́ на заво́д ins (zum) Werk gehen по́езд на Москву́ Zug nach Moskau
		2. zeitlich	прогно́з на 1999 год Prognose für das Jahr 1999

Präposition	regiert den	Bedeutung	Anwendung
		3. Maß, Vergleich	Брат ста́рше сестры́ **на** два го́да. Der Bruder ist (nur) zwei Jahre älter als seine Schwester. Э́тот костю́м на 50 ма́рок деше́вле. Dieser Anzug ist (um) 50 Mark billiger.
на (ком?, чём?, где?)	P.	auf, an, am (wo?)	**на** столе́ auf dem Tisch на стене́, на реке́ an der Wand, am Fluss на заво́де im Werk
над (на́до) (кем?, чем?)	I.	*1.* räumlich: über (wo?)	**над** столо́м über dem Tisch
		2. an etwas arbeiten (schreiben)	рабо́тать **над** статьёй an einem Artikel schreiben
о (об) (кого?, что?)	A.	an, gegen (etwas stoßen, schlagen)	уда́риться **о** ка́мень an (gegen) einen Stein stoßen
о (об, о́бо) (ком?, чём?)	P.	über, von, an (etwas sprechen, denken)	говори́ть **о** му́зыке über Musik sprechen
о́коло (кого?, чего́?)	G.	*1.* räumlich: neben	**о́коло** вокза́ла neben dem Bahnhof
		2. ca., etwa	**о́коло** двадцати́ челове́к etwa 20 Mann о́коло двух часо́в etwa 2 Stunden
от (кого́?, чего́?)	G.	*1.* von, vom	**от** Берли́на до Москвы́ von Berlin bis Moskau письмо́ от бра́та ein Brief vom Bruder
		2. zeitlich: von, vom	**от** пе́рвого до после́днего дня vom ersten bis zum letzten Tag письмо́ от тре́тьего ию́ня ein Brief vom 3. Juni
		3. Mittel, Schutz: vor, gegen (etwas)	сре́дство **от** гри́ппа Mittel gegen Grippe защища́ть приро́ду от загрязне́ний die Natur gegen Verschmutzung schützen
		4. Ursache: vor, an	**от** хо́лода, от ра́дости vor Kälte, vor Freude умере́ть от ра́ка an Krebs sterben

Präposition	regiert den	Bedeutung	Anwendung
перед (передо) (кем?, чем?)	I.	*1.* räumlich: vor (wo?)	**перед** до́мом vor dem Haus долг пе́ред приро́дой die Pflicht gegenüber der Natur
		2. zeitlich: wann	пе́ред обе́дом vor dem Mittagessen
по (кому́?, чему́?)	D.	*1.* auf (etwas) entlang, durch	гуля́ть **по** у́лице auf der Straße (die Straße entlang) spazieren gehen ходи́ть по го́роду in der Stadt umhergehen, durch die Stadt gehen говори́ть по телефо́ну telefonieren
		2. zeitlich	**по** вечера́м, по суббо́там an den Abenden (abends), sonnabends по зако́ну laut Gesetz, nach dem Gesetz по Эйнште́йну nach (laut) Einstein
		3. Ursache	**по** оши́бке aus Versehen по боле́зни wegen Krankheit
		4. distributiv (= «je»)	Они́ получи́ли **по** одно́й кни́ге. Sie erhielten je ein Buch.
по (что?)	A.	bis an, bis zu	**по** у́ши bis über die Ohren по март ме́сяц bis zum Monat März (einschl.) с четвёртого по деся́тое ию́ня vom 4. bis zum 10. Juni
по (когда́?)	P.	nach, nach Ablauf (mit von Verben abgeleiteten Subst. auf «-ие»)	**по** оконча́нии учёбы nach Beendigung des Studiums по прибы́тии по́езда nach Ankunft des Zuges
под (по́до) (кого́?, что?)	A.	*1.* Richtung: unter (wohin?)	(по)ста́вить **под** стол unter den Tisch stellen
		2. zeitlich: gegen	**под** ве́чер, под коне́ц gegen Abend, gegen Ende

Präposition	regiert den	Bedeutung	Anwendung
под (пóдо) (кем?, чем?, где?)	I.	unter, in der Nähe, bei (wo?)	**под** руковóдст**вом** unter der Führung бú́тва **под** Полтáвой Schlacht bei Poltawa **под** гóродом bei der Stadt
позадú (когó?, чегó?)	G.	hinter (etwas)	**позадú** лéса hinter dem Wald
пóсле (когó?, чегó?)	G.	zeitlich: nach	**пóсле** рабóты nach der Arbeit
посредú (когó?, чегó?)	G.	mitten (in, im)	**посредú** кóмнаты mitten im Zimmer
при (ком?, чём?)	P.	*1.* bei, beim (nicht räumlich)	**при** вхóде bei Einlass, beim Eintritt **при** завóде beim Werk, d. h. dem Werk angeschlossen (nicht räumlich)
		2. in Anwesenheit, zur Zeit	**при** дирéкторе in Gegenwart des Direktors **при** Чéхове zur Zeit Tschechows **при** Петрé I unter Peter I.
про (когó?, что?)	A.	über, von (etwas sprechen, erzählen)	Он расскáзывал **про меня́**. Er erzählte (sprach) von mir.
прóтив (когó?, чегó?)	G.	*1.* gegen	Мы **прóтив** войны́. Wir sind gegen den Krieg. Я прóтив. Ich bin dagegen.
		2. räumlich: gegenüber	**прóтив** шкóлы gegenüber der Schule
рáди (когó?, чегó?)	G.	wegen, um … willen	**рáди негó** seinetwegen
с (со) (когó?, чегó?)	G.	*1.* Richtung: von, vom (herab)	взять газéту **со** столá die Zeitung vom Tisch nehmen переводú́ть **с** рý́сского языкá на немéцкий aus dem Russischen ins Deutsche übersetzen вернý́ться **с** завóда aus dem Werk (Betrieb) zurück-kehren

Präposition	regiert den	Bedeutung	Anwendung
		2. zeitlich: von, vom	**с** утра́ до ве́чера von morgens bis abends с пя́того ма́рта до деся́того апре́ля vom 5. März bis zum 10. April с 10-ого по 20-ое ма́рта vom 10. bis 20. März (einschließlich)
		3. Ursache	**с** го́ря vor Kummer
с (со) (что?)	A.	ungefähr, etwa	Прошло́ **с** ме́сяц. Es verging etwa ein Monat с неде́лю (ме́сяц, год) наза́д vor etwa einer Woche (einem Monat, einem Jahr)
с (со) (кем?, чем?)	I.	*1.* mit	говори́ть **с ним** mit ihm sprechen челове́к с хара́ктером ein Mensch mit Charakter с больши́м удово́льствием mit großem Vergnügen
		2. gegen	боро́ться **с** престу́пниками gegen Verbrecher kämpfen
сверх (свы́ше) (кого́?, чего́?)	G.	über, mehr als	**сверх** пла́на über den Plan hinaus (außerplanmäßig) свы́ше пяти́десяти студе́нтов über (mehr als) 50 Studenten
сквозь (кого́?, что?)	A.	durch (hindurch)	**сквозь** дым durch den Rauch (hindurch)
среди́ (кого́?, чего́?)	G.	mitten (in, im), inmitten, unter	**среди́** у́лицы mitten auf der Straße среди́ но́чи mitten in der Nacht среди́ студе́нтов unter den Studenten
у (кого́?, чего́?)	G.	*1.* an, bei, neben	**у** до́ма, у стены́ am Haus, an der Wand
		2. Zugehörigkeit, Besitz	У Ку́рта но́вый журна́л. Kurt hat eine neue Zeitschrift.
че́рез (кого́?, что?)	A.	*1.* Richtung: durch, über	по́езд **че́рез** Берли́н der Zug über Berlin идти́ **че́рез** у́лицу über die Straße gehen

Präposition	regiert den	Bedeutung	Anwendung
		2. vermittels	**Я узнáл это чéрез негó.** Ich erfuhr das über (durch) ihn.
		3. zeitlich: in, nach (nach Ablauf)	**чéрез** недéлю, чéрез год in einer Woche, in einem Jahr

Einige präpositionale Wörter und Wortverbindungen:

Präposition	regiert den	Bedeutung	Anwendung
благодаря́ (комý?, чемý?)	D.	dank, durch, wegen	**благодаря́** пóмощи durch (die (Hilfe) **благодаря́** томý, что … dank dem Umstand, dass …
ввидý (чегó?)	G.	in Anbetracht, angesichts, wegen	**ввидý** вáшего отсýтствия in Anbetracht Ihrer Abwesenheit **ввидý** моéй болéзни wegen (angesichts) meiner Krankheit **ввидý** тогó, что … da, weil **ввидý** э́того deshalb, in Anbetracht dessen, infolgedessen
в ка́честве (когó?, чегó?)	G.	als	**в ка́честве** председа́теля als Vorsitzender
в отли́чие от (когó?, чегó?)	G.	im Unterschied (im Gegensatz) zu, gegenüber	**в отли́чие от** э́того im Unterschied dazu
в результáте (чегó?)	G.	infolge, durch (im Ergebnis)	**в результáте** повыше́ния ка́чества durch (infolge) Erhöhung der Qualität
вслéдствие (чегó?)	G.	infolge, zufolge, wegen	**вслéдствие** болéзни, отсýтствия infolge Krankheit, Abwesenheit
в течéние (чегó?)	G.	im (Ver)Laufe, innerhalb	**в течéние** пяти́ лет im Verlauf (innerhalb) von 5 Jahren
в це́лях (чегó?)	G.	zu (zur), um …, zwecks	**в це́лях** повыше́ния квалифика́ции zur (zum Zwecke der) Weiterbildung
во главé (чегó?)	G.	an der Spitze	**во главé** делегáции an der Spitze der Delegation

Präposition	regiert den	Bedeutung	Anwendung
во главе́ с	I.	mit ... an der Spitze (geführt von ...)	**во главе́ с** господи́ном Петро́вым unter Leitung von Herrn Petrow, mit Herrn Petrow an der Spitze
во вре́мя (чего́?)	G.	während	**во вре́мя** экску́рсии während der Exkursion
за счёт (чего́?)	G.	auf Kosten, auf Rechnung; durch, infolge	**за** наш **счёт** auf unsere Kosten за счёт иностра́нных инвести́ций durch ausländische Investitionen
насчёт (кого́?, чего́?)	G.	betreffs, hinsichtlich	**насчёт** э́той пробле́мы hinsichtlich dieses Problems
несмотря́ на (что?)	A.	ungeachtet, trotz	**несмотря́ на** затрудне́ния ungeachtet (trotz) der Schwierigkeiten
по по́воду (чего́?)	G.	aus Anlass, anlässlich	**по по́воду** годовщи́ны anlässlich des Jahrestages
относи́тельно (кого́?, чего́?)	G.	betreffs, hinsichtlich	см. насчёт
по сравне́нию (с кем?, с чем?)	I.	im Vergleich zu	по **сравне́нию с** други́ми заво́дами im Vergleich zu anderen Betrieben
при по́мощи (кого́?, чего́?)	G.	mit Hilfe von, mittels	**при по́мощи** кра́на mit Hilfe des Krans
с по́мощью (кого́?, чего́?)	G.	mit Hilfe, mittels	см. при по́мощи
путём (чего́?)	G.	durch	**путём** повыше́ния производи́тель-ности труда́ durch Erhöhung der Arbeits-produktivität
согла́сно	D.	entsprechend, gemäß	**согла́сно** догово́ру, соглаше́нию entsprechend dem Vertrag, dem Abkommen

§ 209 Die wichtigsten Konjunktionen (Bindewörter) und ihr Gebrauch

a
und, aber, doch; sondern
(nach Verneinung)

Па́вел рабо́тает на заво́де, **a** Ни́на в шко́ле.
Pawel arbeitet im Werk und (,aber) Nina in der Schule.
Мы бы́ли не в Москве́, **a** в Санкт-Петербу́рге.
Wir waren nicht in Moskau, sondern in Sankt Petersburg.

а та́кже
und auch, sowie (auch)

Мы купи́ли кни́ги, **а та́кже** журна́лы.
Wir kauften Bücher und auch Zeitschriften.

бу́дто (бы)
als ob, als wenn; gleichsam

Он продолжа́л чита́ть, **бу́дто** ничего́ не слы́шал.
Er las weiter, als hätte er nichts gehört.
Мне ка́жется, **бу́дто** из э́того ничего́ не вы́йдет.
Mir scheint, dass (als ob) daraus nichts wird.

в то вре́мя как
während

В то вре́мя как мы здесь сиди́м и ждём, Ве́рнер де́лает поку́пки.
Während wir hier sitzen und warten, macht Werner Einkäufe.

да
aber; und

Я охо́тно пое́хал бы с тобо́й, **да** у меня́ вре́мени нет.
Ich wäre gern mit dir gefahren, habe aber keine Zeit.
Пять да три бу́дет во́семь.
5 und 3 sind 8 (5 + 3 = 8)

(для того́) что́бы
damit, um zu

Для того́ что́бы купи́ть все э́ти кни́ги, ну́жно мно́го де́нег.
Um alle diese Bücher zu kaufen, braucht man viel Geld.

до того́ как
bevor, bis

До того́ как я на́чал учи́ться в те́хникуме, я рабо́тал на заво́де.
Bevor ich an der Fachschule zu studieren begann, habe ich im Werk gearbeitet.

до тех пор, пока́ (не)
(solange), bis («не» hat hier keine verneinende Bedeutung; meist wird es weggelassen)

Мы жда́ли **до тех пор, пока́** кто́-то **(не)** пришёл.
Wir warteten so lange, bis jemand kam.

едва́ (как)
kaum – als; kaum (dass) – da

Едва́ он прие́хал, **(как)** он на́чал рабо́тать.
Kaum war er angekommen, (da) begann er schon zu arbeiten.

е́сли
wenn, falls

Е́сли я ещё успе́ю на по́езд, (то) мы вме́сте пое́дем туда́.
Falls ich noch zum Zug zurechtkomme, (dann) fahren wir gemeinsam dorthin.

и
und; auch

Я купи́л хлеб **и** ма́сло.
Ich kaufte Brot und Butter.
Я говори́л **и** с ним.
Ich habe auch mit ihm gesprochen.

и – и
sowohl – als auch; und – und

И он, **и** она́ пришли́ ко мне.
Sowohl er als auch sie kamen zu mir.
Мы купи́ли **и** хлеб, **и** ма́сло, **и** сыр.
Wir kauften Brot und Butter und Käse.

и́бо (buchsprachl.)
denn; da, weil

Я э́то сам сде́лал, **и́бо** у него́ нет вре́мени.
Ich habe das selbst gemacht, da er keine Zeit hat.

и́ли (иль)
oder

Что вы заказа́ли, ко́фе **и́ли** чай?
Was habt ihr bestellt, Kaffee oder Tee?

и́ли – и́ли
entweder – oder

Я уе́ду **и́ли** за́втра, **и́ли** послеза́втра.
Ich fahre entweder morgen oder übermorgen.

как wie; als; seit	Он поступи́л, **как** настоя́щий друг. Er handelte wie ein richtiger Freund. Я зна́ю его́ как хоро́шего инжене́ра. Ich kenne ihn als guten Ingenieur. Э́то был никто́ друго́й, как он. Das war kein anderer als er. Прошло́ почти́ два го́да, как я познако́мился с ним. Es sind fast 2 Jahre vergangen, seit(dem) ich seine Bekanntschaft gemacht habe.
как бу́дто (бы) = бу́дто als ob	Он де́лает вид, **как бу́дто (бы)** ничего́ не слы́шал. Er tut so, als ob er nichts gehört hätte.
как – так (и) sowohl – als auch	На конфере́нции прису́тствовали **как** преподава́тели, **так и** студе́нты. Auf der Konferenz waren sowohl Lehrkräfte als auch Studenten anwesend.
как то́лько sobald	**Как то́лько** он вошёл, я переста́л чита́ть. Sobald er eintrat, hörte ich auf zu lesen.
когда́ wenn; als	Я сиде́л и чита́л, **когда́** он вошёл. Ich saß und las, als er eintrat.
ли́бо (buchsprachl.) oder	= и́ли
ли́бо – ли́бо entweder – oder	= и́ли – и́ли
ме́жду тем как während; indessen	= в то вре́мя как
не сто́лько – ско́лько nicht so sehr – als (vielmehr)	Я интересу́юсь **не сто́лько** фи́зикой, **ско́лько** хи́мией. Ich interessiere mich nicht so sehr für Physik, als (vielmehr) für Chemie.
не то́лько – но (и) nicht nur – sondern auch	Он говори́т **не то́лько** по-англи́йски, **но и** по-ру́сски. Er spricht nicht nur englisch, sondern auch russisch.
ни – ни weder – noch	**Ни** он, **ни** она́ не пришли́ на уро́к. Weder er noch sie kamen zum Unterricht.
но sondern; aber	Я пришёл бы, **но** вре́мени нет. Ich käme, aber ich habe keine Zeit. Мы бы́ли не то́лько в Москве́, но и в Симби́рске. Wir waren nicht nur in Moskau, sondern auch in Simbirsk.
одна́ко doch, aber, dennoch, jedoch, allerdings, indessen	Мы то́лько что прие́хали, **одна́ко** не хоти́м здесь оста́ться. Wir sind gerade angekommen, wollen jedoch nicht hierbleiben.
пе́ред тем как bevor, ehe	**Пе́ред тем как** поу́жинать, я просмотре́л газе́ту. Bevor ich zu Abend aß, sah ich die Zeitung durch (las ich die Zeitung).

пока́ solange	На́до поговори́ть с ним, **пока́** он ещё здесь. Man muss mit ihm sprechen, solange er noch hier ist.
пока́ (не) (so lange) bis	Подожди́те, **пока́** я (**не**) приду́. Wartet (so lange), bis ich komme.
по́сле того́ как nachdem	**По́сле того́ как** мы при́были в Москву́, мы снача́ла от- дохну́ли с доро́ги. Nachdem wir in Moskau angekommen waren, erholten wir uns zunächst von der Reise.
поско́льку insofern, als; da, weil; deshalb	**Поско́льку** все вопро́сы решены́, мо́жно око́нчить ди- ску́ссию. Da alle Fragen geklärt sind, kann die Diskussion beendet werden.
поско́льку – посто́льку insofern, als; in dem Maße, wie	Мы занима́лись э́тим вопро́сом **посто́льку, поско́льку** он каса́лся на́шей рабо́ты. Wir haben uns mit dieser Frage in dem Maße beschäftigt, wie sie unsere Arbeit betraf.
потому́ что da, weil	Я туда́ не пое́ду, **потому́ что** мне тепе́рь не́когда. Da ich jetzt keine Zeit habe, werde ich nicht dorthin fahren.
пре́жде чем bevor, ehe	**Пре́жде чем** уе́хать, мне на́до ещё написа́ть письмо́. Bevor ich fahre, muss ich noch einen Brief schreiben.
пуска́й , пусть selbst wenn; mag (möge, soll) es …; wenn auch	**Пусть** идёт дождь, я всё равно́ пойду́ домо́й. Mag es regnen, ich gehe trotzdem nach Hause.
сло́вно = бу́дто (бы) gleichsam; als ob	Он говори́л о на́шей экску́рсии так, **сло́вно** сам уча́ство- вал в ней. Er sprach (so) von der Exkursion, als ob er selbst daran teilgenommen hätte.
с тех пор как seit	**С тех пор как** мы после́дний раз ви́делись, прошло́ не́- сколько лет. Seit wir uns das letzte Mal gesehen haben, sind einige Jahre vergangen.
так как = потому́ что da, weil	Он сего́дня не придёт, **так как** вчера́ заболе́л. Er kommt heute nicht, da er gestern erkrankt ist.
то so, dann	Е́сли хо́чешь, **то** я приду́ к тебе́. Wenn du willst, dann komme ich zu dir.
то – то bald – bald; mal – mal	Я спра́шивал **то** его́, **то** её. Mal fragte ich ihn, mal sie.
тогда́ so, dann	Е́сли э́то пра́вда, **тогда́** я о́чень рад. Wenn das wahr ist, so bin ich sehr froh (darüber).
хотя́ (хоть) obwohl, obgleich	**Хотя́** и о́чень хо́лодно, мы всё же пое́дем. Obgleich es sehr kalt ist, fahren wir dennoch. Я приду́, **хотя́** мне и не́когда. Ich werde kommen, obwohl ich (eigentlich) keine Zeit habe.

чем
als (Vergleich)

Я ста́рше, **чем** она́.
Ich bin älter als sie.

чем – тем
je – desto

Чем лу́чше мы у́чимся, **тем** успе́шнее сдади́м экза́мен.
Je besser wir lernen, desto erfolgreicher werden wir das Examen ablegen.

что
dass

Он чита́л так ти́хо, **что** мы ничего́ не по́няли.
Er las so leise, dass wir nichts verstanden.

что́бы (чтоб)
dass, damit; (um) zu
(«**что́бы**» wird nur mit dem Präteritum oder dem Infinitiv verbunden)

Я попроси́л его́, **что́бы** он оста́лся.
Ich bat ihn zu bleiben.
Он пришёл, что́бы поговори́ть с на́ми.
Er ist gekommen, um mit uns zu sprechen.

§§ 210-249 Aus der Satzlehre (Syntax)[1]

§ 210 Einteilung der Sätze nach ihrer kommunikativen Funktion

1. Aussagesätze:

Я учу́сь в университе́те и́мени Гу́мбольдта.	Ich studiere an der Humboldt-Universität.

2. Fragesätze:

Где вы у́читесь?	Wo studieren Sie (studiert ihr)?
Вы у́читесь в университе́те им. Гу́мбольдта?	Studieren Sie (studiert ihr) an der Humboldt-Universität?

3. Aufforderungssätze:

Принеси́те, пожа́луйста, стака́н воды́.	Bringen Sie bitte ein Glas Wasser!

4. Ausrufesätze:

Кака́я хоро́шая пого́да!	Was für schönes Wetter!

(Vgl. hierzu auch § 232.)

§ 211 Einteilung der Sätze nach ihrer Struktur

1. Ein- und zweigliedrige Sätze:

Während in zweigliedrigen Sätzen beide wesentlichen Satzglieder – Subjekt und Prädikat – formal vertreten sind, tritt in eingliedrigen Sätzen formal nur ein wesentliches Satzglied auf.

Beispiele:

Инжене́ры у́чат ру́сский язы́к.	Die Ingenieure lernen die russische Sprache.
Та́ня рабо́тает на заво́де.	Tanja arbeitet im Werk.
Хо́лодно.	Es ist kalt.
Мне ну́жно купи́ть э́тот журна́л.	Ich muss diese Zeitschrift kaufen.

2. Die Satzverbindung

Werden zwei oder mehrere einfache Sätze mit oder ohne Konjunktion verbunden, so entsteht strukturell eine Satzverbindung.

[1] Wo es funktional angebracht erschien, wurden bestimmte syntaktische Fragen bereits im morphologischen Teil behandelt.

Beispiele:

Она студе́нтка, а он аспира́нт.	Sie ist Studentin, und er ist Aspirant.
Э́та статья́ интере́сная, но у меня́ нет вре́мени прочита́ть её.	Der Artikel ist interessant, aber ich habe keine Zeit, ihn zu lesen.
И́ли ты зайдёшь ко мне, и́ли я приду́ к тебе́.	Entweder kommst du bei mir vorbei, oder ich komme zu dir.

Vgl. hierzu die Funktion und Bedeutung der Konjunktionen sowie die entsprechenden Beispiele unter **§ 209**.

3. Das Satzgefüge:

Wird ein Satz dem anderen syntaktisch untergeordnet, so sprechen wir vom Satzgefüge. Der untergeordnete Satz ist **Nebensatz.** Er ergänzt den Hauptsatz.

Beispiele:

Он сообщи́л мне, что не придёт.	Er teilte mir mit, dass er nicht kommen werde.
Я не зна́ю, с кем она́ говори́ла об э́том.	Ich weiß nicht, mit wem sie darüber gesprochen hat.
Курт проси́л, чтобы я дал ему́ свои́ конспе́кты.	Kurt bat darum, dass ich ihm meine Konspekte gebe (geben möchte).
Я ви́дел, как он при́был.	Ich sah, wie er ankam.
Я не зна́ю, придёт ли он к нам.	Ich weiß nicht, ob er zu uns kommt (kommen wird).
Мне неизве́стно, куда́ она́ пое́хала.	Mir ist nicht bekannt, wohin sie gefahren ist.
Сего́дня ко мне придёт студе́нт, о кото́ром я тебе́ расска́зывал.	Heute kommt zu mir der Student, von dem ich dir erzählt habe.

§ 212 Die indirekte Rede

Vgl. hierzu **§ 177 (3).**

§ 213 Das Subjekt

Das Subjekt wird formal durch den Nominativ eines Substantivs, Pronomens, Zahlworts, Adjektivs, Partizips, einer Wortverbindung sowie anderer substantivierter Wörter oder durch den Infinitiv eines Verbs ausgedrückt.

Beispiele:

Москва́ – столи́ца Росси́и.	Moskau ist die Hauptstadt Russlands.
Мы у́чимся.	Wir lernen.
Кто э́то зна́ет?	Wer weiß das?
Дво́е оста́лись до́ма.	Zwei blieben zu Haus.

Са́мое сло́жное решено́.	Das Schwierigste ist gelöst.
Мастерска́я закры́та.	Die Werkstatt ist geschlossen.
Студе́нты отдыха́ют.	Die Studenten erholen sich.
Оди́н из студе́нтов получи́л награжде́ние.	Einer der Studenten erhielt eine Auszeichnung.
Прошло́ не́сколько неде́ль.	Es vergingen einige Wochen.
Мы с тобо́й пое́дем туда́.	Wir beide (du und ich) fahren dorthin.
Э́тот машинострои́тельный те́хникум осно́ван в 1952 году́.	Diese Fachschule für Maschinenbau wurde 1952 gegründet.
Кури́ть вре́дно.	Rauchen ist schädlich.
Учи́ться всегда́ поле́зно.	Lernen ist immer nützlich.

§§ 214-218 Das Prädikat

§ 214 Das einfache verbale Prädikat

(Bildung durch ein finites Verb)

Beispiele:

Мы чита́ем.	Wir lesen.
Кто у́чится в те́хникуме?	Wer studiert an der Fachschule?
Я рабо́тал на э́том заво́де.	Ich habe in diesem Werk gearbeitet.
За́втра мы уезжа́ем.	Morgen fahren wir fort.
Я написа́л бы э́ту статью́.	Ich würde den Artikel schreiben.
Принеси́те, пожа́луйста, меню́.	Bringen Sie bitte die Speisekarte.
Э́ти изде́лия экспорти́руются.	Diese Erzeugnisse werden exportiert.
Идём(те)!	Gehen wir!

§ 215 Das zusammengesetzte verbale Prädikat

(Bildung aus finiter Verbform und Infinitiv)

Beispiele:

Он начина́ет расска́зывать.	Er beginnt zu erzählen.
Мы продолжа́ли переводи́ть.	Wir fuhren fort zu übersetzen (übersetzten weiter).
Я хочу́ поговори́ть с ним.	Ich möchte mit ihm sprechen.
Она́ не могла́ прийти́.	Sie konnte nicht kommen.
Ты мог бы спроси́ть меня́.	Du hättest mich fragen können.

Weitere Beispiele s. **§ 168.**

§§ 216–218 Das nominale Prädikat

§ 216 (Bildung: Nullkopula oder die Verben «быть, явля́ться, ока́зываться / ока-
за́ться, называ́ться, счита́ться, станови́ться / стать, каза́ться / показа́ться» u. a. in der
Funktion einer Kopula + ein Substantiv, ein Adjektiv, ein Partizip, ein Pronomen oder
eine ganze Wortgruppe usw.)

§ 217 Das nominale Prädikat mit einer Nullkopula

Unter Nullkopula ist das formale Fehlen des verbalen Bindeglieds zwischen dem (formal
ausgedrückten oder auch nicht ausgedrückten) Subjekt und dem Prädikatsnomen bzw.
Prädikativ im Präsens zu verstehen.

Beispiele:

Я инжене́р.	Ich **bin** Ingenieur.
Вы то́же студе́нт?	**Sind** Sie auch Student?
Нет, я не студе́нт.	Nein, ich bin nicht Student.
Он ещё молодо́й.	Er **ist** noch jung.
Кто бо́лен?	Wer ist krank?
Кто ста́рше Андре́я?	Wer ist älter als Andrej?
Она́ о́чень краси́ва (краси́вая).	Sie ist sehr hübsch.
Ско́лько вам лет?	Wie alt sind Sie?
Статья́ уже́ напи́сана?	Ist der Artikel schon geschrieben?
Мы с тобо́й одного́ мне́ния.	Ich bin mit dir einer Meinung.
Вы студе́нты пе́рвого ку́рса?	Sind Sie Studenten des ersten Studienjahres?
Москва́ – столи́ца Росси́и.	Moskau **ist** die Hauptstadt Russlands.

1. An Stelle der fehlenden Kopula kann auch ein **Gedankenstrich** treten, wenn Subjekt und Prädi-
kat durch Substantive im Nominativ bzw. Verben im Infinitiv ausgedrückt werden. Stehen vor
dem Prädikativ die Wörter «э́то, вот» oder «зна́чит», so ist der Gedankenstrich vor diese Wörter
zu setzen.

2. Die Präsensformen von «быть» (**есть** – ist, **суть** – sind) treten als Kopula nur noch gelegentlich
auf, und zwar vorwiegend im wissenschaftlichen Stil. «Есть» als Kopula darf dabei nicht mit dem
Vollverb «есть – sein, es gibt, ist vorhanden» usw. verwechselt werden. Vgl. hierzu **§ 229.**

§ 218 Das nominale Prädikat mit einem Verb als Kopula

1. был, -а́, -о, -и / бу́дет, бу́дут

Курт **был (бу́дет)** инжене́ром.	Kurt war Ingenieur (wird Ingenieur werden).
Он не был врачо́м, а был хи́миком.	Er war nicht Arzt, sondern Chemiker.
Ни́на бу́дет (не бу́дет) врачо́м.	Nina wird (wird nicht) Ärztin.
Докла́д был (бу́дет) интере́сным.	Der Vortrag war interessant (wird interessant sein).

Бесе́да бу́дет (не бу́дет) интере́сной.	Die Unterhaltung wird (wird nicht) interessant sein.
Ка́тя была́ больна́.	Katja war krank.
Она́ была́ (бу́дет) о́чень краси́вой (краси́ва).	Sie war (wird) sehr hübsch (sein).
Статья́ была́ (бу́дет) напи́сана.	Der Artikel war geschrieben worden (wird geschrieben werden).
За́втра на́ша рабо́та бу́дет зако́нчена.	Morgen wird unsere Arbeit beendet sein.
Все вопро́сы бы́ли решены́.	Alle Fragen waren entschieden.
Она́ была́ ста́рше меня́.	Sie war älter als ich.
Он был одни́м из лу́чших сту́дентов.	Er war einer der besten Studenten.

2. явля́ться, стать / станови́ться, счита́ться, называ́ться, ока́зываться / оказа́ться, представля́ть собо́й u. a.:

Труд **явля́ется** осно́вой жи́зни челове́ка.	Die Arbeit ist die Grundlage des menschlichen Lebens.
Андре́й стал дире́ктором.	Andrej wurde Direktor.
Дни стано́вятся коро́че.	Die Tage werden kürzer.
Тама́ра счита́ется лу́чшей студе́нткой.	Tamara gilt als beste Studentin.
Э́та рабо́та оказа́лась о́чень тру́дной.	Diese Arbeit erwies sich als sehr schwer (schwierig).
Михаи́л оста́лся мои́м дру́гом.	Michael blieb mein Freund.
Си́лой тя́жести называ́ется си́ла, с кото́рой Земля́ притя́гивает тела́.	Schwerkraft heißt die Kraft, mit der die Erde Körper anzieht.
Зо́лото **представля́ет собо́й** жёлтый, блестя́щий мета́лл.	Gold ist ein gelbes, glänzendes Metall.
Весна́ всегда́ быва́ет прекра́сной.	Der Frühling ist immer schön.

Anmerkungen:

1. Nach «был» und «бу́дет» kann das Prädikatsnomen zur Bezeichnung eines **ständigen** Merkmals auch im **Nominativ** stehen.

2. Außer «представля́ть собо́й», das den Akkusativ regiert, stehen alle anderen Kopulaverben mit dem **Instrumental** (im Präsens, Präteritum und Futur).

3. Als Kopula können auch einige Verben in ihrer **vollen lexikalischen Bedeutung** fungieren, z. B.: Он рабо́тает инжене́ром. – Er arbeitet als Ingenieur. Он верну́лся из санато́рия окре́пшим. – Er kehrte gestärkt aus dem Sanatorium zurück.

§§ 219–221   Eingliedrige Sätze

§ 219   Zum Unterschied von zweigliedrigen Sätzen sind in diesen Sätzen nicht beide wesentlichen Satzglieder (Subjekt und Prädikat) formal vertreten.

§ 220   Unbestimmt-persönliche Sätze

Es sind dies die Sätze, die mit «**man**» übersetzt werden und bei denen der Urheber der Handlung nicht bekannt ist. Gebildet werden sie durch ein **Verb in der 3. Pers. Pl.** (Präsens oder Futur) oder durch die **Pluralform des Präteritums.**

Beispiele:

Говоря́т, что он бо́лен.	**Man** sagt, er sei krank.
О чём пи́шут в газе́те?	Worüber schreibt man in der Zeitung?
Его́ посла́ли в командиро́вку.	**Man** hat ihn auf Dienstreise geschickt.
Нам сказа́ли, что магази́н уже́ закры́т.	Man sagte uns, dass das Geschäft schon geschlossen sei.
Как его́ зову́т?	Wie heißt er? (Wie nennt man ihn?)
Его́ зову́т Андре́й.	Er heißt Andrej.
Тебе́ звони́ли.	Für dich ist ein Anruf gekommen. (Man hat dich angerufen. Du wurdest angerufen.)

§ 221   Allgemein-persönliche Sätze

Sie werden durch Verben in der **2. Pers. Sg.** des Präsens oder Futurs bzw. durch den **Imperativ** ausgedrückt.

Beispiele:

Его́ ника́к не поймёшь.	Man kann ihn überhaupt (einfach) nicht verstehen.
Тут ничего́ не поде́лаешь.	Da (hier) kann man eben nichts tun (machen).
Век живи́ – век учи́сь!	Lerne dein ganzes Leben lang!
Ве́чно тебя́ ждёшь.	Immer muss man auf dich warten!

Zu dieser Kategorie von Sätzen kann man auch die eingliedrigen Aufforderungssätze mit dem verbalen Prädikat in der **1. Pers. Pl.** des Präsens oder Futurs zählen. Vgl. hierzu **§ 180.**

Beispiele:

Послу́шаем докла́д.	Hören wir uns den Vortrag an.
Посмо́трим план го́рода.	Schauen wir uns den Stadtplan an.
Возьмём, наприме́р, таки́е изде́лия, как …	Nehmen wir z. B. solche Erzeugnisse wie …

§§ 222-231   Unpersönliche Sätze

§ 222   Das Prädikat wird durch ein unpersönliches Verb ausgedrückt

Beispiele:

Вечере́ет	Es wird Abend.
Мне нездоро́вится.	Ich fühle mich nicht wohl.

Разумѐется.	Versteht sich. Das ist klar.
Мне не спалòсь.	Ich konnte nicht schlafen.
Мне не удалòсь поговорѝть с ним.	Es gelang mir nicht, mit ihm zu sprechen.

§ 223   Das Prädikat wird durch ein unpersönlich gebrauchtes persönliches Verb ausgedrückt

Beispiele:

Здесь дỳет	Es zieht hier.
Здесь приятно пàхнет.	Es duftet hier angenehm.
Лòдку переверну́ло волнòй.	Das Boot wurde durch eine Welle umgekippt.
Мòлнией зажглò дом.	Das Haus wurde vom Blitz in Brand gesteckt.

Das den **Urheber** der Handlung bzw. des Zustandes bezeichnende Wort steht hier immer **im Instrumental.** Das Präteritum tritt in der sächlichen Form auf.

§ 224   Das Prädikat wird durch die sächliche Kurzform des Part. Prät. Pass. ausgedrückt

Beispiele:

Ужѐ объявлено, что сегòдня нет заседàния?	Ist schon bekannt gegeben worden, dass heute keine Sitzung ist?
Решенò начàть рабòту.	Es wurde beschlossen, die Arbeit zu beginnen.
Мне бы́ло поручено поговорѝть с тобòй.	Ich wurde beauftragt, mit dir zu sprechen.

§ 225   Das Prädikat wird durch unpersönlich-prädikative Wörter ausgedrückt

Beispiele:

Хòлодно	Es ist kalt.
Зàвтра тòже бỳдет хòлодно.	Morgen wird es auch kalt sein.
Когдà все ушлѝ, мне стàло скỳчно	Als alle fortgegangen waren, langweilte ich mich.
Вам к комỳ (нỳжно)?	Zu wem möchten Sie?
(Мне нỳжно) к дирèктору.	Ich möchte zum Direktor. Ich muss mit dem Direktor sprechen.
Òчень жаль, что егò нет.	Es ist sehr schade, dass er nicht da ist.
Мне нỳжно купѝть нòвый костю́м.	Ich muss einen neuen Anzug kaufen.

§ 226 Einige unpersönliche Ausdrücke mit den modalen Bedeutungen «müssen, sollen, brauchen, mögen, können, dürfen» usw.

1. на́до (ну́жно), мо́жно (verneint = нельзя́), возмо́жно :

Diese Wörter werden immer unpersönlich gebraucht und **mit dem Infinitiv** verbunden. «На́до» tritt gelegentlich auch mit dem Akkusativobjekt auf. In der Vergangenheit wird «бы́ло» und in der Zukunft «бу́дет» nachgestellt.

на́до (бы́ло, бу́дет) man muss, soll (musste, sollte, wird müssen)	**Мне (не) на́до идти́** в магази́н. Ich muss (muss nicht, brauche nicht) ins Geschäft (zu) gehen.
ну́жно (бы́ло, бу́дет) (wie «на́до»)	Ему́ (не) на́до бы́ло приходи́ть. Er musste (musste nicht, brauchte nicht zu) kommen. Ива́ну (не) на́до бу́дет идти́ к нему́. Iwan wird zu ihm gehen müssen (wird nicht zu ihm gehen müssen, nicht zu ihm zu gehen brauchen).
мо́жно (бы́ло, бу́дет) man kann, darf (konnte, durfte, wird können / dürfen) (Verneinung mit «нельзя́»)	Мо́жно здесь кури́ть? Darf (kann) man hier rauchen? Нет, нельзя́. Nein, man darf nicht.
нельзя́ (бы́ло, бу́дет) man darf nicht, kann nicht (durfte / konnte nicht, wird nicht dürfen / können)	Мне нельзя́ (бы́ло) кури́ть. Ich darf (durfte) nicht rauchen.

2. Unpersönlich gebrauchte Verben in der Bedeutung «müssen, sollen, brauchen, mögen» usw.:

мне сле́дует (сле́довало)	ich muss, soll, es gehört sich (musste)
мне прихо́дится (приходи́лось; *v.* придётся, пришло́сь)	ich muss, soll, bin gezwungen (musste, werde müssen)
мне тре́буется (тре́бовалось; *v.* потре́буется, потре́бовалось)	ich brauche, es ist für mich erforderlich (brauchte, werde brauchen)
мне хо́чется (хоте́лось; *v.* захо́чется, захоте́лось)	ich will, möchte (wollte, werde wollen)

3. ну́жен (brauchen):

Während «на́до» und «ну́жно» in der Regel mit einem Infinitiv verbunden werden (nur gelegentlich auch mit einem Akkusativobjekt), treten «ну́жен, нужна́, ну́жно (Pl. нужны́)» nur **mit Substantiven** auf, z. B.:

Мне (не) ну́жен но́вый костю́м.	Ich brauche einen (keinen) neuen Anzug.
Ива́ну (не) нужна́ но́вая кварти́ра.	Iwan braucht eine (keine) neue Wohnung.
Ему́ (не) ну́жно ле́тнее пальто́.	Er braucht einen (keinen) Sommermantel.
Мне (не) нужны́ э́ти кни́ги.	Ich brauche diese Bücher (nicht).

Die Vergangenheit wird mit nachgestelltem «был (была́, бы́ло; бы́ли)» und die Zukunft mit nachgestelltem «бу́дет (Pl. бу́дут)» gebildet, z. B.:

Мне (не) нужна́ была́ э́та кни́га.	Ich brauchte dieses Buch (nicht).

4. до́лжен (müssen, sollen):

Neben den unpersönlichen Ausdrücken für «müssen» (s. 1–3) werden «müssen» und «sollen» auch mit dem **persönlich** gebrauchten Wort «до́лжен, должна́, должно́ (Pl. должны́)» ausgedrückt, z. B.:

Я до́лжен (был, бу́ду) написа́ть э́ту статью́.	Ich muss / soll (musste, sollte) den Artikel schreiben (werde den Artikel schreiben müssen).
Она́ должна́ (была́, бу́дет) уе́хать.	Sie muss / soll (musste, sollte) fortfahren (wird fortfahren müssen).
Мы должны́ (бы́ли, бу́дем) ещё купи́ть газе́ту.	Wir müssen / sollen (mussten, sollten noch eine Zeitung kaufen (werden noch eine Zeitung kaufen müssen).

§ 227   Unpersönliche Satzkonstruktion bei Mengenangaben (partitiver Genitiv)

Рабо́ты у нас на две неде́ли.	Arbeit haben wir für zwei Wochen.
Рабо́ты у нас бы́ло неде́ли на две.	Arbeit hatten wir für etwa zwei Wochen.
Вре́мени (бы́ло, бу́дет) доста́точно.	Zeit ist (war, wird) genug (sein).

Vgl. hierzu auch **§ 73.**

§ 228   Unpersönliche Satzkonstruktion bei der Verneinung der Existenz, des Vorhandenseins, der Anwesenheit usw.

Его́ нет до́ма.	Er ist nicht zu Hause.
Меня́ не́ было до́ма.	Ich war nicht zu Hause.
Нас не бу́дет до́ма.	Wir werden nicht zu Hause sein.
У нас нет никаки́х тру́дностей.	Bei uns gibt es keinerlei Schwierigkeiten.
У нас не́ было никаки́х пробле́м.	Wir hatten keinerlei Probleme.
Таки́х пробле́м у нас не бу́дет.	Solche Probleme werden wir nicht haben.

Vgl. hierzu auch **§ 229.**

§ 229   Unpersönliche Satzkonstruktion zur Wiedergabe des deutschen Begriffs «haben (besitzen, vorhanden sein)»

«Haben» wird im Russischen durch Umschreibung mit der Präposition «у» + **Genitiv des Nomens** wiedergegeben, z. B.:

У Ива́на (есть) но́вая кни́га.	Iwan hat ein neues Buch.
У меня́ (есть) интере́сный журна́л.	Ich habe eine interessante Zeitschrift.
Есть ли у него́ э́тот журна́л?	Hat er diese Zeitschrift?
Есть ли у тебя́ э́ти газе́ты?	Hast du diese Zeitungen?

«**Есть**» wird zur Unterstreichung der Existenz, des Vorhandenseins gebraucht. Die Verneinung erfolgt mit «**нет**» und «**не**».

Beispiele:

Bejahung		Verneinung	
Präsens («habe, habe kein»)			
у меня́ (есть)	N. Sg. / Pl.:	у меня́ нет	G. Sg. / Pl.:
у тебя́ (есть)	ме́сто, журна́л,	у тебя́ нет	ме́ста, журна́ла,
у него́ (есть)	де́ньги, кни́га,	у него́ нет	де́нег, кни́ги,
у неё (есть)	газе́ты, брат,	у неё нет	газе́т, бра́та,
у нас (есть)	журна́лы	у нас нет	журна́лов
у вас (есть)	и т. д.	у вас нет	и т. д.
у них (есть)		у них нет	
Präteritum («hatte, hatte kein / nicht»)			
у меня́ был, -á, -о, -и	N. Sg. / Pl.:	у меня́ не́ было	G. Sg. / Pl.:
у тебя́ был, -á, -о, -и	журнал,	у тебя́ не́ было	журна́ла, газе́т,
у него́ был, -á, -о, -и	де́ньги,	у него́ не́ было	ме́ста, бра́та,
usw.	газе́ты,	usw.	де́нег, вре́мени,
	кни́га		кни́ги
Futur («werde haben / nicht haben»)			
у меня́ бу́дет (бу́дут)	N. Sg. / Pl.:	у меня́ не бу́дет	G. Sg. / Pl.:
у тебя́ бу́дет (бу́дут)	журна́л,	у тебя́ не бу́дет	журна́ла, книг,
у него́ бу́дет (бу́дут)	де́ньги,	у него́ не бу́дет	ме́ста, вре́мени,
usw.	газе́ты,	usw.	де́нег, газе́т
	кни́га,		
	вре́мя		

Anmerkungen:

Die Verneinung der Existenz oder Anwesenheit in der Vergangenheit und Zukunft erfolgt immer mit «**не**». In der Vergangenheit wird dabei für alle 3 Geschlechter Sg. und Pl. die sächliche Vergangenheitsform «**не́ было**» gebraucht, wobei die Betonung auf «**не́**» übergeht.

§ 230   Unpersönliche Satzkonstruktion mit einem Infinitiv (Infinitivsatz)

Diese Satzkonstruktionen drücken ein «**Sollen, Müssen, Können, Dürfen, Nichtdürfen**» usw. aus.

Beispiele:

Вам выходи́ть.	Sie müssen aussteigen.
Что нам де́лать?	Was sollen wir tun?
Когда́ мне прийти́ к вам?	Wann soll ich zu Ihnen kommen?

Мне не́когда прийти́ к вам.	Ich habe keine Zeit, zu Ihnen zu kommen.
Что мне рассказа́ть вам?	Was soll ich Ihnen erzählen?
Мне выступа́ть пе́рвому.	Ich muss als erster auftreten.
Не найти́ его́ нигде́.	Er ist nirgends zu finden.
Не́кого посла́ть туда́.	Es ist niemand da, den man dorthin schicken könnte.
Тебе́ начина́ть.	Du musst anfangen.
Тебе́ не реши́ть э́той зада́чи.	Du kannst diese Aufgabe nicht lösen.
Поговори́ть бы с ним.	Wenn man doch mit ihm sprechen könnte.
Не кури́ть!	Nicht rauchen! Rauchen verboten!
Молча́ть!	Ruhe!

Vgl. hierzu auch §§ 150, 168 (5, 6), 177 / Anm. 4, 180 (3).

§ 231   Altersangabe

Auch die Altersangabe wird durch eine **unpersönliche** Satzkonstruktion ausgedrückt.

Beispiele:

Ско́лько вам **лет?**	Wie alt sind Sie?
Мне **25 (два́дцать пять) лет.**	Ich bin 25 Jahre alt.
А ско́лько ему́ лет?	Und wie alt ist er?
Ему́ 32 (три́дцать два) го́да.	Er ist 32 Jahre alt.
Ей бы́ло (бу́дет) 28 (два́дцать во́семь) лет.	Sie war (wird) 28 Jahre alt.

§ 232   Zur Wortfolge im Aussage- und Fragesatz

Das Russische hat im Unterschied zum Deutschen eine freie Wortfolge. Die gebräuchlichste Wortstellung ist jedoch:

1. Aussagesatz:

Subjekt –	Prädikat –	Objekt (Dativ, Akkusativ)	
S.	P.	O. im D.	O. im A.
Преподава́тель	показа́л	студе́нтам	но́вый журна́л.

Der Lehrer zeigte den Studenten die neue Zeitschrift.

S.	P.	O. im D.	O. im A.
Учи́тель	объясня́ет	ученика́м	но́вые пра́вила.

Der Lehrer erläutert den Schülern neue Regeln.

Die **adverbiale Bestimmung** steht in der Regel zwischen Subjekt und Prädikat. Satzglieder oder Wörter, die **hervorgehoben** werden, treten gewöhnlich am Anfang oder am Ende des Satzes auf, z. B.:

Вчера́ мы бы́ли в клу́бе.   Gestern waren wir im Klub.

Zur **Intonation** des Aussagesatzes vgl. §§ 48 / 49.

Anmerkungen:

1. Bei **expressiver Äußerung** kann die Reihenfolge auch «**P – S**» sein:

Писа́ть бу́дете вы.   Schreiben werden **Sie**!
Опозда́л то́лько оди́н.   Zu spät kam nur **einer**.

2. Beachten Sie hierbei auch die mögliche Wortfolge der **Partizipien**, s. §§ 185, 189, 192, 193.

3. Die Hilfsverben «**был** (-á, -о; -и)» und «**бу́дет** (бу́дут)» werden bei den Wörtern «ну́жно, на́до, до́лжен» usw. nachgestellt, s. § 226 (1, 4).

4. Das Wort «**ме́сяц**» wird den russischen Monatsnamen immer nachgestellt, z. B.: в ма́е ме́сяце – im Monat Mai.

2. Fragesatz:

Wird der Fragesatz **mit** einem **Fragepronomen oder** einem **Frageadverb** eingeleitet, so werden Personalpronomen vor das Prädikat und Substantive meist hinter das Prädikat gesetzt, z. B.:

Где они́ сиде́ли?   Wo saßen sie?
Что он чита́ет?   Was liest er?
Где был твой брат?   Wo war dein Bruder?
Кто ви́дел преподава́теля?   Wer sah den Lehrer?
(Vgl. die russische mit der deutschen Wortfolge!)

Fragesätze **ohne** ein **Fragewort** haben die Wortfolge des Aussagesatzes und werden nur mit fragendem Ton gesprochen, z. B.:

Aussagesatz   *Fragesatz*

Он до́ма.   Он до́ма?
Er ist zu Hause.   Ist er zu Hause?
Ты был в клу́бе.   Ты был в клу́бе?
Du warst im Klub.   Warst du im Klub?
Вы чита́ете э́ту статью́.   Вы чита́ете э́ту статью́?
Ihr lest diesen Artikel.   Lest ihr diesen Artikel?

Der Fragesatz ohne Fragewort wird auch mit «**ли**» gebildet, wobei «**ли**» immer hinter das Wort tritt, das **hervorgehoben** werden soll, z. B.:

До́ма ли он?   Ist er **zu Hause**?
Он ли до́ма, и́ли она́?   Ist **er** zu Hause, oder sie?
Показа́л ли он тебе́ э́ту статью́?   Hat er dir diesen Artikel gezeigt?

Э́ту ли статью́ показа́л он тебе́?	Diesen Artikel hat er dir gezeigt?
Тебе́ ли показа́л он э́ту статью́?	Dir hat er diesen Artikel gezeigt?

Die Fragebildung mit «ли» klingt gepflegter und ist der Form ohne «ли» vorzuziehen.

Zur **Intonation** des Fragesatzes vgl. §§ 48 / 49.

Anmerkungen:

1. Zur Unterstreichung der Existenz bzw. des Vorhandenseins in Fragesätzen wird «**есть (es ist, es gibt)**» verwendet, z. B.:

У тебя́ есть э́та газе́та?	Hast du diese Zeitung?
(*oder:* Есть ли у тебя́ э́та газе́та?)	
У Ива́на есть э́ти кни́ги?	Hat Iwan diese Bücher?
У него́ есть э́ти журна́лы?	Hat er diese Zeitschriften?

Vgl. **§ 229.**

2. **Frage mit der Partikel «нет»** (nur in der Gegenwart):

Нет ли у тебя́ э́того журна́ла?	Hast du nicht diese Zeitschrift?
Нет ли у Ива́на э́тих книг?	Hat Iwan nicht diese Bücher?
Нет ли у него́ э́тих журна́лов?	Hat er nicht diese Zeitschriften?

3. In der **Vergangenheit** und in der **Zukunft** wird die verneinte Frage nicht mit «нет», sondern mit «**не**» **und** «**ли**» gebildet, z. B.:

Не чита́л ли он?	Hat er nicht gelesen?
Не бу́дет ли он чита́ть?	Wird er nicht lesen?
Не́ было ли у тебя́ э́той газе́ты?	Hattest du nicht diese Zeitung?
Не бу́дет ли у нас экску́рсии вме́сто уро́ка?	Wird nicht anstelle des Unterrichts (der Unterrichtsstunde) eine Exkursion stattfinden?

§§ 233-238 Zur Verneinung

§ 233   Die Verneinung erfolgt mit den Partikeln «**не**» und «**нет**», wobei diese immer **vor das zu verneinende Wort** (z. B. Verb, Prädikativ, Objekt usw.) treten.

Beispiele:

1.
Он не чита́ет.	Er liest nicht.
Я не хочу́ за́втракать.	Ich möchte nicht frühstücken.
Ле́кция ещё не начала́сь.	Die Vorlesung hat noch nicht begonnen.
Мы не бу́дем ждать.	Wir werden nicht warten.
У нас не́ было вре́мени.	Wir hatten keine Zeit.

Vgl. hierzu auch **§§ 229, 232 (2–3).**

2.
Она́ не инжене́р, а врач.	Sie ist **nicht** Ingenieur, **sondern** Ärztin.
Бори́с не тракторист, а агроно́м.	Boris ist nicht Traktorist, sondern Agronom.

3. У меня́ нет сестры́.
Бра́та нет до́ма.
У кого́ нет э́того журна́ла?
Все пришли́? Нет, не все.
Кого́ нет? Бори́са нет.
Кого́ не́ было на собра́нии? Ни́ны и
Андре́я не́ было.
Кого́ не бу́дет там? Меня́ не бу́дет.

Ich habe **keine** Schwester.
Der Bruder **ist nicht** zu Hause.
Wer hat diese Zeitschrift nicht?
Sind alle gekommen? Nein, nicht alle.
Wer ist nicht da? Boris ist nicht da.
Wer war nicht zur Versammlung? Nina und
Andrej waren nicht da (fehlten).
Wer wird nicht dort sein? Ich werde nicht
da sein.

Vgl. hierzu auch §§ 229, 232 (2–3).

§ 234   Verstärkung der Verneinung mit «не» und «нет» durch die Partikel «ни»

Beispiele:

Он не сказа́л ни сло́ва.
Она́ не сде́лала ни одно́й оши́бки.
Нам нельзя́ ждать ни мину́ты.
В аудито́рии нет ни одного́ студе́нта.

Er hat kein einziges Wort gesagt.
Sie hat keinen einzigen Fehler gemacht.
Wir dürfen keine einzige Minute warten.
Im Hörsaal ist nicht ein einziger Student.

Oft erfolgt eine weitere Verstärkung durch **«оди́н»** (vgl. Beispiele).

§ 235   Zum Gebrauch von «никто́ не, никуда́ не, нельзя́, не́когда» u. a.

Vgl. hierzu §§ 148, 149.

§ 236   Gebrauch von «пока́ не, чуть не (чуть ли не), что́бы не»

Beispiele:

Он ждал, пока́ она́ не пришла́.
Мы оста́немся здесь, пока́ он не вернётся.
Я чуть не упа́л.

Er wartete, **bis** sie kam.
Wir bleiben (warten), bis er zurückkehrt.
Ich wäre **fast** gefallen.

Bei diesen verneinenden Wendungen ist zu beachten, dass die Partikel **«не» nicht übersetzt** wird.

§ 237   Zur doppelten Verneinung «не мочь не, нельзя́ не»

Die Verdopplung der Verneinung hebt in diesem Fall die Verneinung auf und macht die Äußerung **bejahend**:

Я не мог не прийти́.

Ich **konnte nicht (kann nicht) umhin** zu kommen, Ich **musste** kommen.

Мне нельзя́ бы́ло не поговори́ть с ней.
Ему́ нельзя́ не отве́тить.

Ich konnte nicht umhin, mit ihr zu sprechen.
Er kann nicht umhin zu antworten. Er muss antworten.

§ 238   Zum verneinten Akkusativobjekt (Genitiv der Verneinung)

Im verneinten Satz steht das von transitiven Verben abhängige Akkusativobjekt meist im Genitiv, z. B.:

	Verneinung
Я ви́жу кни́гу.	Я не ви́жу кни́ги.
Он написа́л письмо́.	Он не написа́л письма́.
Мы вы́полнили зада́ние.	Мы не вы́полнили зада́ния.

Anmerkungen:

Zur Unterstreichung der **Konkretheit** sowie bei Umstellung der Wortfolge in «O – S – P» kann das **Akkusativobjekt beibehalten** werden. Ebenso ist es auch bei Satzkonstruktionen, in denen das Prädikat aus einem Hilfsverb und einem Infinitiv besteht, z. B.:

Я не получи́л письмо́	Ich erhielt den Brief nicht.
Э́т устать ю́я ещё не чита́л.	Diesen Artikel habe ich noch nicht gelesen.
Я не могу́ ви́деть э́тот дом.	Ich kann dieses Haus nicht sehen.

Der Gebrauch des Akkusativs statt des Genitivs der Verneinung ist bei den **weiblichen** Substantiven besonders stark verbreitet. Bei **Gegenüberstellungen** wird grundsätzlich der Akkusativ bevorzugt, z. B.:

Я купи́л не костю́м, а шля́пу.	Ich habe keinen Anzug, sondern einen Hut gekauft.
Не он принёс э́то письмо́, а она́.	Nicht er hat den Brief gebracht, sondern sie.

§ 239   Zur Funktion des Attributs

Ebenso wie im Deutschen übt das Attribut auch im Russischen die Funktion einer Ergänzung bzw. näheren Bestimmung des jeweiligen Bezugswortes aus.

1. Kongruierende Attribute:

Zwischen Attribut und Bezugswort besteht in Numerus, Genus und Kasus Kongruenz.

Beispiele:

косми́ческий кора́бль (како́й кора́бль?), но́вая кварти́ра (кака́я кварти́ра?), говоря́щий студе́нт (како́й студе́нт?), развива́ющиеся стра́ны (каки́е стра́ны?), прочи́танная кни́га (кака́я кни́га?), наш те́хникум (чей те́хникум?), его́ кни́га (чья кни́га?), пе́рвый курс (како́й курс?), э́та статья́ (кака́я статья́?), применя́ющие но́вые ме́тоды труда́ инжене́ры и рабо́чие (каки́е инжене́ры и рабо́чие?) usw.

2. Nichtkongruierende Attribute:

Hier liegt keine Kongruenz mit dem Bezugswort in Numerus, Genus und Kasus vor.

Beispiele:

подгото́вка ку́рсов, член па́ртии, кни́ги ру́сских а́второв, студе́нты пе́рвого ку́рса, обме́н о́пытом, по́льзование библиоте́кой, любо́вь к те́хнике, Постоя́нная коми́ссия ООН по геоло́гии, экску́рсия на вы́ставку, дверь в коридо́р, торго́вля с развива́ющимися стра́нами, наблюде́ние за со́лнцем, информа́ция о литерату́ре, жела́ние покупа́ть и продава́ть, возмо́жность познако́миться с ним, кни́га подеше́вле (поинтере́снее) usw.

3. Die Apposition:

Bei der Apposition handelt es sich um ein substantivisches Attribut, das sich auf ein **beliebiges** Satzglied beziehen kann.

Beispiele:

Я познако́мился с Ни́ной Андре́евной, молодо́й преподава́тельницей.	Ich lernte Nina Andrejewna kennen, eine junge Lehrerin.
Мы пришли́ к вам как дире́ктору те́хникума.	Wir kamen zu Ihnen, dem Direktor der Fachschule.
Они́ бесе́довали об интере́сном рома́не, а и́менно о «Ти́хом До́не».	Sie unterhielten sich über einen interessanten Roman, und zwar über den «Stillen Don».

Die Apposition wird oft durch solche Wörter wie **«как, а и́менно, и́ли, то есть, зна́чит»** u. a. eingeleitet.

Sie tritt auch als **Einwort-Apposition** auf, z. B.: студе́нт-отли́чник, Москва́-река́, ваго́н-рестора́н usw. (Vgl. hierzu auch § 54.) In diesem Fall steht zwischen dem Beziehungswort und dem Attribut ein Bindestrich.

4. Das Partizip in der syntaktischen Funktion eines isolierten Attributs:

Es leitet den Nebensatz ein, ist dem Bezugswort **nachgestellt** und kongruiert mit diesem in Numerus, Genus und Kasus. Zur Wortfolge der partizipialen Attribute vgl. auch **§§ 185, 189, 192.**

Beispiele:

Фи́рмы, применя́ющие но́вые ме́тоды труда́, ча́сто достига́ют свои́ це́ли.	Firmen, die neue Arbeitsmethoden anwenden, erreichen oft ihre Ziele.
Мы разгова́ривали об осуществле́нии програ́ммы, при́нятой на после́дней се́ссии.	Wir unterhielten uns über die Verwirklichung des Programms, das auf der letzten Vollversammlung angenommen wurde (worden ist).
Мы говори́ли о но́вом ме́тоде труда́, применённом на́ми (применя́емом на́ми).	Wir sprachen über die neue Arbeitsmethode, die wir angewendet haben (die wir anwenden).

Aufgelöst werden diese Partizipialkonstruktionen durch Relativsätze mit **«кото́рый»**. Vgl. hierzu die **§§ 185, 189, 192.**

§§ 240-245 Adverbialbestimmungen

§ 240   Adverbialbestimmungen charakterisieren eine Handlung oder einen Zustand hinsichtlich der Art und Weise, des Ortes, der Zeit, des Maßes, der Ursache, des Zweckes oder der Bedingung. In dieser Funktion treten Adverbien, Adverbialpartizipien, Substantive mit oder ohne Präpositionen, Infinitive oder nicht zerlegbare phraseologische Wendungen auf, z. B.:

Мы пошли́ туда́. (Куда́?)

Wir gingen dorthin.

Ты ходи́л к нему́ пешко́м? (Как?)

Bist du zu Fuß zu ihm gegangen?

Она́ верну́лась отту́да по́здно ве́чером. (Отку́да? Когда́?)

Sie kehrte von dort spätabends zurück.

Я живу́ в го́роде. (Где?)

Ich wohne in der Stadt.

Они́ прие́хали из Москвы́. (Отку́да?)

Sie kamen aus Moskau.

Магази́н закры́т на ремо́нт. (Заче́м? С како́й це́лью?)

Das Geschäft ist wegen Reparaturarbeiten geschlossen.

Мы не вы́шли из-за дождя́. (Почему́?)

Wir gingen wegen des Regens nicht hinaus.

Он говори́л волну́ясь. (Как?)

Er war aufgeregt beim Sprechen.

Находя́сь в Ле́йпциге, мы посети́ли я́рмарку. (По како́му по́воду?)

Als wir in Leipzig waren, besuchten wir die Messe.

Vgl. hierzu besonders die §§ 198, 203–206, 241–245.

§ 241 Zur Temporalbestimmung

Beispiele:

1. занима́ться ка́ждый день (ка́ждый ве́чер, ка́ждую неде́лю, весь день, всю зи́му, всё ле́то)

jeden Tag arbeiten (jeden Abend, jede Woche, den ganzen Tag, den ganzen Winter, den ganzen Sommer)

2. учи́ться оди́н год (четы́ре го́да, мно́го лет)

ein Jahr (4 Jahre, viele Jahre) lernen

3. прие́хать пе́рвого ма́я (тре́тьего ию́ня, два́дцать пя́того зентября́ 2001 го́да)

am 1. Mai (am 3. Juni, am 25. September 2001) ankommen

4. разрабо́тать план до нача́ла го́да (ме́сяца, кварта́ла) к моме́нту своего́ созда́ния

den Plan bis Jahresbeginn (bis zum Beginn des Monats, des Quartals) erarbeiten zum Zeitpunkt seiner Gründung

5. уезжа́ть в суббо́ту (в пя́тницу, в понеде́льник, во вто́рник, в сре́ду, в четве́рг, в воскресе́нье) зако́нчить рабо́ту на ме́сяц ра́ньше (на э́той неде́ле, на сле́дующий день) план на э́тот год (на сле́дующий год, на 2001 год), пла́ны на бу́дущее за после́дние го́ды, за день, че́рез 30 мину́т, че́рез полчаса́

am Sonnabend (Freitag, Montag, Dienstag, Mittwoch, Donnerstag, Sonntag) fortfahren die Arbeit einen Monat früher (in dieser Woche, am nächsten Tag) abschließen Plan für dieses Jahr (für das nächste Jahr, für 2001), Zukunftspläne während der letzten Jahre, an einem Tage (im Verlaufe eines Tages), in 30 Minuten, in einer halben Stunde

6. рабо́тать с семи́ до трёх часо́в (с утра́ до ве́чера)

von 7 Uhr bis 15 Uhr (von morgens bis abends) arbeiten

§ 242 Datum und Jahreszahl

Какóе сегóдня числó?	Welches Datum haben wir heute?
	Den Wievielten haben wir heute?
Сегóдня пя́тое[1] января́	Heute ist der 5. Januar.
Вчерá бы́ло пéрвое мáя.	Gestern war der 1. Mai.
Послезáвтра бýдет двáдцать трéтье ию́ня.	Übermorgen ist der 23. Juni.
Какóго числá? (Когдá?)	**An welchem Tage? (Wann?)**
Какóго числá уéдешь?	An welchem Tage wirst du wegfahren (fährst du weg)?
Я уéду в пéрвых числáх декабря́.	Ich fahre Anfang Dezember (in den ersten Tagen des Monats Dezember).
Кáтя прибýдет трéтьего и́ли четвёртого áвгуста	Katja wird am 3. oder 4. August ankommen.
Двáдцать пя́того мáрта ты́сяча девятьсóт пятьдеся́т седьмóго гóда бы́ло оснóвано ЕЭС.	Am 25. März 1957 wurde die EWG gegründet.
с 5 мáрта до 6 ию́ня 1991 г. (с пя́того мáрта до шестóго ию́ня ты́сяча девятьсóт девянóсто пéрвого гóда)	vom 5. März bis zum 6. Juni 1991
с 1975 по 1995 гг	von 1975 bis 1995 (einschließlich)
(с ты́сяча девятьсóт сéмьдесят пя́того гóда по ты́сяча девятьсóт девянóсто пя́тый год)	
в 1949–1980 гг	in den Jahren 1949–1980
(в ты́сяча девятьсóт сóрок девя́том — восьмидеся́том годáх)	
в XX в	im 20. Jahrhundert
(в двадцáтом вéке)	

§ 243 Uhrzeitangabe

1. Котóрый час?	**Wie viel Uhr ist es? (Wie spät ist es?)**
три часá	3 Uhr
шестнáдцать часóв	16 Uhr
дéсять часóв двáдцать пять (минýт)	10^{25} Uhr
пятнáдцать часóв сóрок дéвять (минýт)	15^{49} Uhr
В котóром часý?	**Um wie viel Uhr?**
В пять часóв двенáдцать минýт отхóдит пóезд.	(Um) 5^{12} Uhr fährt der Zug ab.
Самолёт отлетáет в двáдцать два часá сóрок две (минýты).	Das Flugzeug fliegt (um) 22^{42} Uhr ab.

---

[1] Ursprünglich lautete die Form «пя́тое **числó** января́», daher auch die sächliche Endung der Ordnungszahl.

2. Neben dieser offiziellen Zeitangabe können in der **Umgangssprache** die Minuten einer Stunde auch mit dem **Genitiv der die angefangene Stunde bezeichnenden Ordnungszahl** wiedergegeben werden:

че́тверть пя́того	(um) $^1/_4$ 5 (viertel fünf)
в полови́не[1] тре́тьего	(um) $^1/_2$ 3 (halb drei)
полпя́того (полшесто́го usw.)	(um) $^1/_2$ 5 ($^1/_2$ 6 usw.)
де́сять мину́т девя́того	(um) 8^{10} Uhr (10 Min. der neunten Stunde)
два́дцать де́вять мину́т одиннадцатого	(um) 10^{29} Uhr (29 Min. der elften Stunde)

3. Die Minutenangaben der z w e i t e n Hälfte einer angebrochenen Stunde wird in der Umgangssprache mit der Präposition «**без**» und dem **Genitiv der Grundzahl** umschrieben:

без двадцати́ девяти́ (мину́т)пять	(um) 4^{31} Uhr (wörtlich: ohne 29 Min. 5 Uhr)
без десяти́ (мину́т) семь	(um) 6^{50} Uhr
По́езд прибыва́ет без двадцати́ (мину́т) три.	Der Zug kommt (um) 2^{40} Uhr an.

(Vgl. die Uhrzeitangabe im Englischen mit «past» und «to».)

§ 244   Zur Modalbestimmung

Beispiele:

1. бы́стро лете́ть, совме́стно рабо́тать, говори́ть по-ру́сски

schnell fliegen, gemeinsam arbeiten, russisch sprechen

2. развива́ться бы́стрыми те́мпами прибы́ть по приглаше́нию, переда́ть приве́т по его́ про́сьбе, расска́зывать с удово́льствием, уча́ствовать в я́рмарке под назва́нием «Но́вое в ми́ре компью́торов».

sich in schnellem Tempo entwickeln, auf Einladung eintreffen, auf seine Bitte hin einen Gruß übermitteln, mit Vergnügen (gern) erzählen, an der Messe unter dem Thema «Neues in der Computerwelt» teilnehmen.

§ 245   Zur Finalbestimmung

Beispiele:

купи́ть для уче́бных целе́й, испо́льзовать э́ти прибо́ры для улучше́ния ка́чества, прибо́р для защи́ты от ве́тра   usw.

für Lehrzwecke kaufen, diese Geräte zur Verbesserung der Qualität nutzen (verwenden), ein Gerät zum Schutz gegen den Wind

---

[1] Meist «полтре́тьего, полпя́того» usw. gebräuchlich.

§§ 246-248 Zum Gebrauch der Kasus (Fälle)

§ 246   Das Russische besitzt sechs Fälle: Nominativ, Genitiv, Dativ, Akkusativ, Instrumental und Präpositiv. Die ersten vier Fälle stimmen im Wesentlichen mit dem Deutschen überein.

§ 247   Zum Gebrauch des Instrumentals

Mit dem Instrumental können ausgedrückt werden:

1. das Mittel oder Werkzeug, mit dem (mittels dessen) eine Handlung ausgeführt wird, z. B.:

Я пишу́ карандашо́м (ме́лом).	Ich schreibe mit dem Bleistift (mit Kreide).
Крестья́нин обраба́тывает зе́млю тра́ктором.	Der Bauer bearbeitet den Boden mit dem Traktor.
Мы прие́хали по́ездом.	Wir sind mit dem Zug gekommen.

2. die Zeit oder die Art und Weise, wie eine Handlung vor sich geht, z. B.:

Он прие́хал по́здним ве́чером	Er ist spätabends angekommen.
Мы е́хали ле́сом	Wir fuhren durch den Wald.

3. Berufs- oder Tätigkeitsmerkmal, z. B.:

Курт рабо́тает инжене́ром.	Kurt arbeitet als Ingenieur.
Его́ назна́чили ма́стером.	Er wurde zum Meister ernannt.

4. den Urheber einer Handlung (in Passivkonstruktionen), z. B.:

Заво́д стро́ится рабо́чими из По́льши	Das Werk wird von Arbeitern aus Polen erbaut.
Э́та статья́ напи́сана на́шим инжене́ром.	Dieser Artikel wurde von unserem Ingenieur geschrieben.

5. Nach einigen Hilfsverben wie «быть – sein, де́латься (v. сде́латься) – werden, называ́ться (v. назва́ться) – heißen, genannt werden, станови́ться (v. стать) – werden, явля́ться – sein» u. a. steht das **Prädikatsnomen** ebenfalls im Instrumental (s. **§ 218, 249**), z. B.:

Я был студе́нтом	Ich war Student.
Мы бу́дем инжене́рами.	Wir werden Ingenieure sein.
Курт стал дире́ктором.	Kurt wurde Direktor.
Э́то явля́ется ва́жным вопро́сом.	Das ist eine wichtige Frage.

6. Zum Gebrauch des Instrumentals **nach Präpositionen** vgl. **§ 207.**

§ 248   Zum Gebrauch des Präpositivs

Der Präpositiv (6. Fall) tritt nur in Verbindung mit den Präpositionen «на, в, о, по» und «при» auf. Vgl. **§ 207.**

§ 249   Rektion der Verben

1. Verben, die den Genitiv regieren:

боя́ться
sich fürchten, Angst haben

Я бою́сь э́того.
Ich habe Angst davor.

добива́ться / доби́ться *v.*
erreichen, erstreben, erzielen

Они́ доби́лись хоро́ших результа́тов.
Sie erzielten gute Ergebnisse.

достига́ть / дости́гнуть *v.*
erreichen, erzielen

Мы дости́гли бе́рега.
Wir erreichten das Ufer.

ждать
warten

Я жду Бори́са.
Ich warte auf Boris.

жела́ть
wünschen

Мы жела́ем тебе́ здоро́вья и сча́стья.
Wir wünschen dir Gesundheit und Glück.

избега́ть / избежа́ть *v.*
vermeiden, umgehen

Я избега́ю э́того.
Ich (ver)meide das.

иска́ть
suchen

Он и́щет по́вода.
Er sucht einen Vorwand (Anlass).

каса́ться / косну́ться *v.*
betreffen, berühren

Э́то каса́ется ва́шей рабо́ты.
Das betrifft Ihre Arbeit.

проси́ть
bitten

Прошу́ внима́ния.
Ich bitte um Aufmerksamkeit.

тре́бовать
fordern

Мы тре́бовали отве́та.
Wir forderten eine Antwort.

хоте́ть
wollen
u. a.

Я не зна́ю, чего́ он хо́чет.
Ich weiß nicht, was er will.

2. Verben, die den Dativ regieren:

зави́довать / позави́довать *v.*
beneiden

Я зави́дую тебе́ (ему́).
Ich beneide dich (ihn).

звони́ть / позвони́ть *v.*
anrufen

Я (по)звони́л ему́.
Ich rief ihn an.

меша́ть / помеша́ть *v.*
stören

Что вам меша́ет?
Was stört Sie (euch)?

препя́тствовать / воспрепя́тствовать *v.*
(be)hindern, hemmen

Что препя́тствует бы́строму разви́тию нау́ки?
Was hemmt die schnelle Entwicklung der Wissenschaft?

соде́йствовать
fördern, beitragen

Мы соде́йствуем разви́тию нау́ки.
Wir fördern die Entwicklung der Wissenschaft (tragen zur Entwicklung der Wissenschaft bei).

способствовать
(= содействовать)

Эти мероприятия способствуют повыше-
нию эффективности.
Diese Maßnahmen dienen der Erhöhung der
Effektivität.

напоминать / напомнить *v.*
(кому-л., что или о ком-чём)
erinnern an, ins Gedächtnis rufen

Я напомнил ему о заседании
(заседание).
Ich erinnerte ihn an die Sitzung.

удивляться / удивиться *v.*
sich wundern

Я очень удивляюсь этому.
Ich wundere mich sehr darüber.

учить (кого чему)
lehren, beibringen

Я учу их письму.
Ich bringe ihnen das Schreiben bei.

учиться
lernen
(gebräuchlicher: **учить** + **Akkusativ**)
u. a.

Я учусь русскому языку.
Ich lerne die russische Sprache. Ich lerne
Russisch.
(Я учу русский язык.)

3. Verben, die den Akkusativ regieren:

благодарить / поблагодарить *v.*
(кого за что)
(be)danken

Я благодарю **вас** за дружескую
встречу.
Ich danke Ihnen (euch) für den freundschaft-
lichen Empfang.

вспоминать / вспомнить *v.*
(кого-что, о ком-чём)
sich erinnern an

Я часто вспоминаю наш разговор
(о нашем разговоре).
Ich erinnere mich oft an unser Gespräch.

поздравлять / поздравить *v.* (кого с чем)
beglückwünschen, gratulieren

Поздравляю вас с днём рождения.
Ich beglückwünsche Sie zum Geburtstag.

учить / выучить *v.* (что)

Мы учим слова.
Wir lernen Vokabeln.

4. Verben, die den Instrumental regieren:

быть
sein

Я буду инженером.
Ich werde Ingenieur (sein).
Мой друг был врачом.
Mein Freund war Arzt.

заболевать / заболеть *v.*
erkranken

Вернер заболел гриппом.
Werner ist an Grippe erkrankt.

заниматься / заняться *v.*
sich befassen, beschäftigen mit

Кто занимается этим вопросом?
Wer befasst sich mit dieser Frage?

интересоваться
sich interessieren für

Я интересуюсь техникой.
Ich interessiere mich für Technik.

казаться
scheinen

Он кажется очень счастливым.
Er scheint sehr glücklich zu sein

оказываться / оказаться *v.*
sich erweisen als

Она оказалась старательной студенткой.
Sie erwies sich als fleißige Studentin.

оставáться / остáться *v.*
bleiben

Онá остáлась моéй подрýгой.
Sie ist meine Freundin geblieben.

пóльзоваться / воспóльзоваться *v*
(be)nutzen, gebrauchen

Я чáсто пóльзуюсь э́той кни́гой.
Ich benutze oft dieses Buch.

рабóтать
arbeiten als

Я рабóтаю инженéром.
Ich arbeite als Ingenieur.

руководи́ть
leiten, führen

Кто руководи́т э́тим отдéлом?
Wer leitet diese Abteilung?

служи́ть / послужи́ть *v.*
dienen als

Э́то слýжит примéром.
Das dient als Beispiel.

станови́ться / стать *v.*
werden

Он стал технóлогом.
Er wurde Technologe.

счита́ть / счесть *v.*
halten für, betrachten als

Мы счита́ем э́тот вопрóс óчень вáжным.
Wir halten diese Frage für sehr wichtig.

счита́ться
gelten als (für)

Курт счита́ется лýчшим студéнтом.
Kurt gilt als bester Student.

управля́ть
leiten, führen, lenken, steuern

Кто управля́ет э́тим завóдом?
Wer leitet diese Fabrik?
Кто управля́ет э́тим сýдном?
Wer steuert dieses Schiff?

явля́ться
sein
u. a.

Э́то явля́ется вáжным вопрóсом.
Das ist eine wichtige Frage.

Register

Die wenigen russischen Stichwörter wurden ins deutsche Alphabet eingeordnet. Sie finden dabei «ж» unter «g», «в» unter «w», «ч» unter «tsch».